PLINIUS DER ÄLTERE

Leben und Werk
eines antiken Naturforschers

Anläßlich der Wiederkehr
seines Todes beim Ausbruch des Vesuv
am 25. August 79 n. Chr.

von
Roderich König und Gerhard Winkler

HEIMERAN VERLAG

Hans Färber gewidmet

CIP-Kurztitelaufnahme der Deutschen Bibliothek

Porträt des Plinius nach der Ausgabe von Elzevier 1635
König, Roderich: [Plinius der Ältere]
Plinius d. Ä. : Leben u. Werk e. antiken Naturforschers /
von Roderich König u. Gerhard Winkler.
– München : Heimeran, 1979.
ISBN 3-7765-2188-0
[Winkler, Gerhard: [NE:
Titelvignette

München 1979
© Heimeran Verlag
Alle Rechte vorbehalten, einschließlich
die der fotomechanischen Wiedergabe
Satz und Druck: Laupp & Göbel, Tübingen
Bindung: Realwerk G. Lachenmaier, Reutlingen
Archiv 639   ISBN 3 7765 2188 0

Inhalt

Vorwort 7

Familie und Jugend 9
Militärdienst in Germanien 12
Rhetorische und grammatische Studien 14
Historische Schriften 17
Verschiedene Verwaltungsämter 19
Plinius als Naturforscher 25
Tod beim Vesuvausbruch 57

Die »Naturkunde« im Wandel der Jahrhunderte 67

Der Vesuvausbruch des Jahres 79 n. Chr.
in der antiken Überlieferung 81

Bibliographisches 99

Abbildungsverzeichnis 104

Plinius schreibt seine »Naturkunde«.
Initiale (102 b) aus der Handschrift Plut. 82, 2
Biblioteca Laurenziana, Florenz.

Vorwort

...die Erscheinungen selbst
vollständig kennen zu lernen und uns
dieselben durch Nachdenken anzueignen.
Zur Vollständigkeit führt die Ordnung,
die Ordnung fordert Methode,
und die Methode erleichtert die Vorstellungen.
J. W. v. Goethe

Mit diesen Worten Goethes werden so treffend die beiden Tätigkeiten des menschlichen Geistes umschrieben, die die Erforschung der Natur als Gesamtheit alles unbelebten und belebten Seins voraussetzen.

Die Geschichte der Naturforschung beginnt bei den Griechen mit Thales aus Milet und findet eine großartige Fortsetzung durch Aristoteles und seinen Schüler Theophrastos. Als sich die Römer dank ihrer organisatorischen und kriegerischen Fähigkeiten ihr Weltreich aufbauten, wurden sie sich der Überlegenheit griechischer Kultur mehr und mehr bewußt, so daß der Dichter Horaz sagen konnte: »*Das besiegte Griechenland überwältigte den rauhen Sieger.*«

Plinius ist ein bemerkenswertes Beispiel, wie sehr man in Rom – wenn auch manchmal etwas widerwillig – den Inhalt griechischen Denkens und griechischer Wissenschaft aufnahm. Plinius, der sich mit Geschichtsschreibung, Grammatik und Rhetorik beschäftigte, betätigte sich auch als Naturforscher. Sein Sammeleifer, durch den er der weiteren Forschung, die sich der Deutung der Erscheinungen in ihrer Gesetzmäßigkeit widmete, das Material lieferte, ist bewundernswert und kam dem praktischen Sinn der Römer besonders entgegen. Obwohl es Plinius, wie wir im Folgenden erkennen werden, versagt geblieben ist, die Dinge in größerem Zusammenhang zu sehen oder gar in Neuland vorzustoßen, so verdient sein ungeheurer Fleiß beim Zusammentragen eines riesigen Materials, das trotzdem einer gewissen Ordnung nicht entbehrt, unsere höchste Anerkennung.

FAMILIE UND JUGEND

. Plinius Secundus – wegen seines gleichnamigen Neffen und Adoptivsohnes der Ältere genannt – wurde während der Regierung des Kaisers Tiberius (14–37) Ende 23 oder Anfang 24 geboren. Sein Geburtsort war die oberitalienische Kleinstadt Novum Comum am Lacus Larius, heute Como am Lago di Como, die vom Diktator Iulius Caesar zur Kolonie römischer Bürger erhoben worden war. Die Familie der Plinii, von der uns mehrere Mitglieder durch Inschriften (CIL V 5262.5263.5667. XI 5272 u. a.) aus Novum Comum und seiner Umgebung bekannt geworden sind, entstammte dem Ritterstand und war nicht unvermögend. Sie besaß zahlreiche Landgüter und Villen rund um den See.

Auf einem dieser Landgüter am östlichen Ufer des Sees befand sich jene merkwürdige Quelle (N. H. 2, 232*), die der Jüngere Plinius genauer beschreibt (epist. 5, 30, 2 f.): »*Mit dieser Quelle hat es eine sonderbare Bewandtnis: dreimal am Tage steigt und fällt sie in regelmäßigem An- und Abschwellen. Man sieht das ganz deutlich und beobachtet es mit dem größten Vergnügen. Man setzt sich daneben zu Tisch, ißt und nimmt auch ab und zu einen Schluck aus der Quelle – sie ist nämlich recht kühl –, derweilen hebt oder senkt sie sich in bestimmten, regelmäßigen Abständen. Man legt einen Ring oder dergleichen an den trockenen Rand; nach und nach wird er bespült und zuletzt ganz zugedeckt, kommt wieder zum Vorschein und wird allmählich freigelegt. Wenn man lange genug zuschaut, kann man beides zwei- und dreimal beobachten.*«

Da Plinius den aus Verona stammenden Dichter Valerius Catullus (1. Jhdt. v. Chr.) als seinen »*Landsmann*« bezeichnete (N. H. 1 praef. 1), hat man oft, gestützt auf

---

* Die erste Zahl bedeutet jeweils ein Buch, die zweite den betreffenden § der Naturalis Historia (N.H.).

eine fälschlich auf ihn bezogene Veroneser Inschrift (CIL V 3442), diese Stadt als seine Heimat angesehen.

Die Schwester des Plinius, Plinia, heiratete den ebenfalls aus Novum Comum stammenden L. Caecilius Secundus, der aber schon früh verstorben sein dürfte. Jedenfalls sorgte der unverheiratete und kinderlose Oheim für die Erziehung des etwa 61 geborenen Neffen und adoptierte ihn im Testament. Daraufhin nahm der junge Mann den Namen seines Adoptivvaters an und nannte sich fortan C. Plinius Caecilius Secundus. Um ihn vom Oheim zu unterscheiden, wird er seither als der Jüngere Plinius bezeichnet. Über die Erziehung und Ausbildung des Älteren Plinius ist kaum etwas bekannt. Schon in jungen Jahren kam er nach Rom, wo er sich vor allem an P. Pomponius Secundus, einen bekannten Tragödiendichter und tatkräftigen Feldherrn, anschloß. Durch ihn fand er während der ersten Jahre der Regierung des Claudius (41–54) Zugang zu den ersten Familien der Hauptstadt. Unter dem Einfluß des mit Pomponius Secundus befreundeten Stoikers T. Clodius Thrasea Paetus und des jüngeren Annaeus Seneca (N.H. 6,60; 9,167; 29,10) wandte sich Plinius dem Studium der Philosophie zu und fand in der Lehre der Stoa Halt und geistige Erfüllung.

Häufige Besuche im botanischen Garten des greisen Arztes Antonius Castor (N.H. 26,9), eines griechischen Freigelassenen des Triumvirn Marcus Antonius, der einen zufriedenen und beschaulichen Lebensabend unter Blumen verbrachte, weckten das Interesse an naturkundlichen Fragen (N.H. 20,174.244.261; 23,166; 26,51).

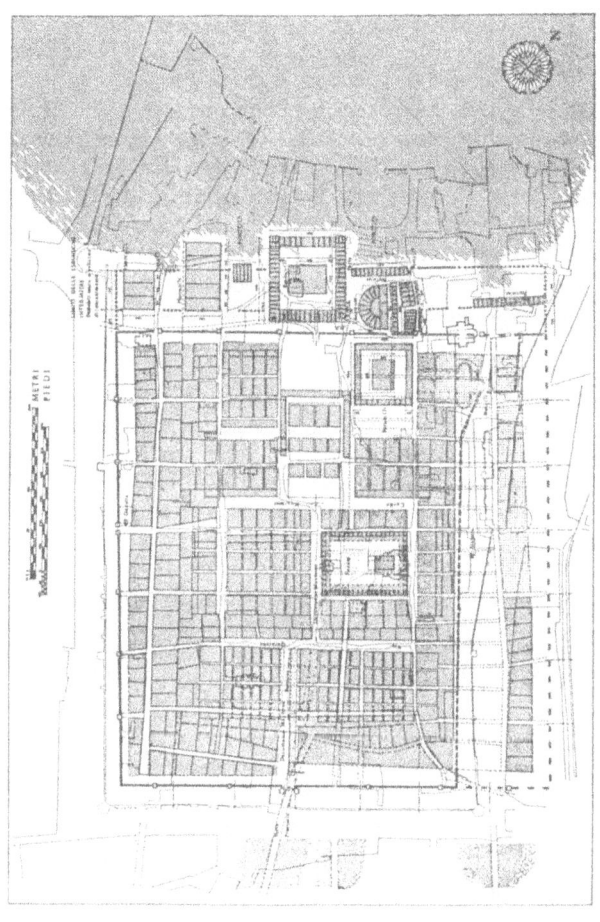

Plan von Novum Comum (nach F. Frigerio).

Militärdienst in Germanien

Die weitere Laufbahn des Plinius ist durch den Militärdienst bestimmt, wie dies für junge Männer seines Standes und seiner Bildung vorgesehen war. Als Kommandant einer Abteilung thrakischer Hilfstruppen diente er in der Provinz Untergermanien und beteiligte sich im Jahre 47 am siegreichen Feldzug, den der Statthalter Cn. Domitius Corbulo gegen den germanischen Stamm der Chauken zwischen Ems und Elbe führte. In der N.H. gedachte Plinius mehrmals seines Vorgesetzten als Gewährsmann verschiedener Nachrichten (N.H. 2,180; 5,83; 6,23). Eine im Lager von Castra Vetera, heute Birten bei Xanten, gefundene Bronzeplatte mit Angabe von Namen und Dienststellung des Plinius (CIL XIII 10026,22) bezeugt seine Anwesenheit am Niederrhein.

Auch in Obergermanien, das sein väterlicher Freund Pomponius Secundus als Statthalter verwaltete, weilte Plinius in den Jahren 50/51 und nahm als Befehlshaber einer Abteilung batavischer Reiter am Kampf gegen die Chatten im Bergland zwischen den Flüssen Diemel, Fulda und Werra teil.

Während seines Aufenthaltes in den germanischen Provinzen entstand auch das erste schriftstellerische Werk des Plinius, eine kleine militärische Fachschrift über »*Das Speerwerfen im Reiterdienst*«, von der allerdings nichts erhalten geblieben ist (N.H. 7,162).

Im Jahre 52 kehrte Plinius wieder nach Rom zurück und bekleidete während der Regierung Neros (54–68) keine öffentlichen Stellungen.

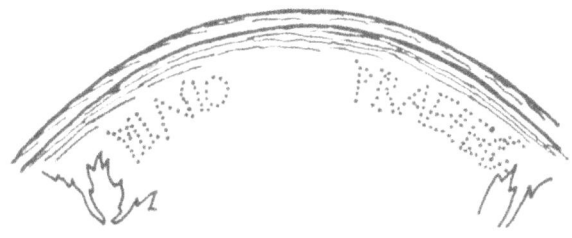

Eingepunktete Inschrift auf einem versilberten Zierstück vom Zaumzeug eines Pferdes. Gefunden 1854 in Castra Vetera (Xanten), heute im British Museum, London.

Rhetorische und grammatische Studien

In einem Brief an seinen Freund C. Baebius Macer (epist. 3,5) gab der Jüngere Plinius ein vollständiges Verzeichnis der Schriften seines Oheims:

»*Das freut mich riesig! Du studierst die Bücher meines Oheims so gründlich, daß Du alle haben möchtest, und fragst, was er denn alles geschrieben habe. Ich werde also die Rolle des Bibliographen übernehmen und Dir auch gleich angeben, in welcher Reihenfolge sie verfaßt sind, denn auch das zu wissen ist für eifrige Leser nicht uninteressant:*

1. Das Speerwerfen im Reiterdienst *in einem Buche. Dies hat er mit gleich viel Talent wie Sorgfalt verfaßt, als er als Reiterpräfekt diente.*

2. Biographie des Pomponius Secundus *in zwei Büchern. Der Mann schätzte ihn außerordentlich, und er widmete dies Werk dem Andenken des Freundes gleichsam als geschuldete Huldigung.*

3. Kriege in Germanien *in zwanzig Büchern. In diesen hat er alle Kriege zusammengestellt, die wir mit den Germanen geführt haben. Er begann damit, als er in Germanien Kriegsdienste tat, durch einen Traum gemahnt: im Schlaf trat der Schemen des Drusus Nero, der nach Unterwerfung weiter Teile Germaniens dort ums Leben kam, zu ihm, legte ihm sein Andenken ans Herz und bat ihn, ihn vor der Unbill des Vergessenwerdens zu bewahren.*

4. Der Student, *drei Bücher, wegen des Umfangs auf sechs Rollen verteilt, in denen er den Redner von den Anfangsgründen an unterweist und zur Vollendung bringt.*

5. Acht Bücher Sprachprobleme *schrieb er in den letzten Jahren unter Nero, als die Knechtschaft jede freiere und aufrechtere Art der wissenschaftlichen Betätigung gefährlich erscheinen ließ.*

6. Fortsetzung des Geschichtswerkes des Aufidius Bassus, einunddreißig Bücher.

7. Siebenunddreißig Bücher Naturkunde, *ein umfangreiches, gelehrtes Werk, nicht weniger abwechslungsreich als die Natur selbst...«*

Die Regierung Neros (54–68) brachte große Veränderungen mit sich: In Rom entstanden Bauten von bisher kaum gesehener Größe und Pracht, Luxus und damit auch Sittenverderbnis nahmen in erschreckendem Maße zu, fremde Völker und mit ihnen fremde Kulte strömten in Rom, dem politischen und geistigen Zentrum der damaligen Welt, zusammen. Plinius hat das alles mit wachen Augen gesehen und führte ein zurückgezogenes Leben. Er ging einer Tätigkeit als Anwalt nach und widmete sich intensiv rhetorischen und grammatischen Studien.

Eine auf sechs Rollen verteilte, etwas pedantische Anweisung zum Studium der Redekunst mit dem Titel »*Der Student*« entstand. Das dargebotene reiche Beispielmaterial erstreckte sich von den ersten dilettantischen Versuchen bis zur vollkommenen Meisterschaft, hat sich aber nur in geringen Spuren bei späteren Autoren (M. Fabius Quintilianus, A. Gellius) erhalten.

Das etwa zur gleichen Zeit verfaßte Kompendium morphologisch und orthographisch umstrittener Wortformen unter dem Titel »*Sprachprobleme*« in acht Büchern wurde hingegen, wie die mehr als 100 erhaltenen Fragmente beweisen, von späteren Grammatikern reichlich benützt und häufig zitiert. Dennoch lassen die z. T. nur wenig aussagenden und oft recht kurzen Zitate eine genauere Rekonstruktion des Inhaltes des Werkes nicht zu. Plinius verfolgte die Absicht, die schwankenden Sprachformen zu beseitigen und ihre Schreibung und Verwendung nach einheitlichen Gesichtspunkten zu regeln. Da er dabei neben der Analogie auch die Anomalie gelten ließ, nahm er in diesem alten Streit der Grammatiker eine vermittelnde Stellung ein.

Als Beispiel mag das durch Charisius, ars gramm. 151, 18B bewahrte Fragment 31 gelten:

»›amicities‹ bezeichnet Plinius Secundus im 6. Buch der ›Sprachprobleme‹ ebenso wie ›planities‹, ›luxuries‹, ›mollities‹ und ähnliche als von würdevollem Alter. Im übrigen muß man aber nach der üblichen Regelung ›amicitia‹ sagen, denn alle Wörter, die im Nominativ der Mehrzahl auf die Silbe ›ae‹ enden, zeigen nach Wegnahme des ›e‹ im Nominativ der Einzahl die ihnen zukommende richtige Form. Wenn wir daher der Willkür der Alten zustimmen wollen, könnte man auch ›copies‹, ›observanties‹ und ›benevolenties‹ sagen.«

Historische Schriften

Von den historischen Werken des Älteren Plinius, die z.T. recht umfangreich waren, haben sich nur sehr spärliche Bruchstücke erhalten.

Vollkommen verloren ist die Biographie seines väterlichen Freundes P. Pomponius Secundus, die in zwei Büchern das Leben dieses Feldherrn und Tragödiendichters schilderte. In der N.H. greift Plinius einige Male darauf zurück (N.H. 14,55; vgl. auch 7,39.80; 13,83).

Die Darstellung der »*Germanenkriege*« der Römer in 20 Büchern reicht vom Kimbernkrieg (113 v. Chr.) bis zu den Kämpfen des Jahres 47 n. Chr. mit den Chatten. Plinius hat während seines Militärdienstes in Germanien damit begonnen und die Arbeit in Rom abgeschlossen. Absicht des Werkes war es wohl, die Verdienste des von den Historikern vergessenen oder nur wenig beachteten Älteren Drusus gebührend hervorzuheben. Einige Stellen in der N.H. (2,167; 4,96f.; 10,53f.; 11,55; 16,2–6. 203; 22,8; 25,20f.; 37,42) gehen auf dieses umfangreiche Geschichtswerk zurück, von dem sich nur zwei längere Fragmente in der Lebensbeschreibung des in Germanien geborenen Kaisers Caligula (cap. 8) von Suetonius und in den Germanenkapiteln der »*Annalen*« des Tacitus (1,69) erhalten haben. Schon am Ende des 4. Jhdts. war eine Handschrift dieses Werkes nicht mehr aufzutreiben, und als dann Nikolaus von Cues im 15. Jhdt. in Deutschland »*einen ziemlich dicken Band eines Geschichtswerkes des Plinius*« gesehen haben wollte, setzten umfangreiche Nachforschungen nach der verlorenen Handschrift ein, die jedoch erfolglos blieben.

Auch das große Geschichtswerk in 31 Büchern (N.H. 1 praef. 20; 2,199.232), das als Fortsetzung der Schriften des Aufidius Bassus die Ereignisse von der Regierung des Claudius bis in die Zeit Vespasians behandelte, ist fast restlos verloren. Für uns ist der Verlust dieses Werkes, das viele kleine, unwichtig und nebensächlich erscheinende Einzelheiten enthalten hat, besonders bedauerlich. Obwohl es die Hauptquelle für Tacitus, Annalen 13,53ff. (Ereignisse in Germanien z. Z. Neros) sowie Historiae 1 bis 3 (Bataveraufstand) und 4-5 (Krieg gegen Iulius Civilis) bildete, äußerte sich der Historiker einmal spöttisch (Ann. 13,31):

»*Unter Neros zweitem Konsulat und dem des Lucius [Calpurnius] Piso (57) hat sich wenig Denkwürdiges ereignet. Denn niemand will doch die Seiten mit dem Lobe der Fundamente und des Gebälks füllen, worauf der Kaiser den Riesenbau des Amphitheaters auf dem Marsfelde errichtet hat. Hat man doch, der Würde des römischen Volkes entsprechend, die Einrichtung getroffen, in den Annalen nur wichtige Ereignisse zu berichten, derartige Kleinigkeiten aber dem täglichen Staatsanzeiger zu überlassen.*«

Viel positiver wirkt dagegen das Lob des Neffen im Brief an den befreundeten Cn. Octavius Titinius Capito (epist. 5,8,5):

»*Mein Oheim, durch Adoption auch mein Vater, hat Geschichte geschrieben, und zwar mit außerordentlicher Gewissenhaftigkeit . . .*«

Verschiedene Verwaltungsämter

Erst in etwas vorgerücktem Alter setzte Plinius seine unterbrochene Laufbahn fort. Aus der in der phönikischen Stadt Arados gefundenen griechischen Inschrift (CIG III 4536 = IGRRP III 1115 = OGIS II 586) geht hervor, daß Plinius als Subprokurator in der Provinz Syrien tätig war. Dort unterstand er C. Licinius Mucianus, den er in der N.H. oft als Quelle für allerlei Merkwürdigkeiten und Besonderheiten anführt (N.H. 2,231; 3,59; 4,66f.77; 5,50.83.128.132; 7,36.159; 8,6.201.215; 9,33.68. 80.94.182; 11,167; 12,9; 13,88; 14,154; 16,213; 19,12; 21,33; 31,16.19; 32,62; 34,36; 35,164; 36,131.134 u. a.). Als Adjutant des Präfekten von Ägypten, des gebildeten Juden Tib. Iulius Alexander, der das in Judäa stehende Heer befehligte, nahm Plinius auch am Jüdischen Krieg (69/70) teil. Dabei lernte er den Kronprinzen und späteren Kaiser Titus kennen und lebte mit ihm in »Zeltgenossenschaft« (N.H. 1 praef. 3).

Unter Kaiser Vespasian (69-79), der nach dem Freitod Neros und den Wirren des Dreikaiserjahres (69) Ordnung und Zucht im Reich und im Heer wiederherstellen konnte und dessen Erhebung zum Kaiser Plinius sicherlich unterstützt hatte, folgte die Bekleidung einer Reihe von ritterlichen Verwaltungsämtern. Allerdings ist davon nur die Finanzprokuratur in der Provinz Hispania Tarraconensis im Jahre 73 wirklich gesichert. Plinius war damals zugleich mit Larcius Licinus tätig, der dort statthalterliche Aufgaben zu erfüllen hatte (N.H. 19,35; 31,24).

Die Annahme weiterer höherer Verwaltungsstellungen in den Provinzen Gallia Narbonensis (70), Africa proconsularis (72) und Gallia Belgica (75) stützt sich auf verschiedene Zeugnisse von Augenschein in der N.H.; vgl. die Tabelle S. 21 f. Diese Zeugnisse setzen allerdings nicht unbedingt eine amtliche Tätigkeit in diesen Provinzen voraus, machen diese jedoch sehr wahrscheinlich.

Nach seiner Rückkehr nach Rom (75/76) stand Plinius in einem besonders herzlichen und vertrauten Verhältnis zum Kaiser Vespasian. Ob jedoch der »*ihm aufgetragene Dienst*«, von dem der Neffe spricht, als ein eigenes, von Rittern bekleidetes hohes Hofamt anzusehen ist, kann nicht gesagt werden.

Als letzten Posten seiner Laufbahn erhielt Plinius im Jahre 77 den Befehl über die kaiserliche Flotte im westlichen Mittelmeer und begab sich in das Hauptquartier Misenum, heute Capo Miseno, im Golf von Neapel. Schwester und Neffe begleiteten ihn dorthin.

Griechische Inschrift aus Arados in Phönikien mit Angabe der militärischen Ämter des Plinius.

ΑΡΑΔΙΩΝΗΒΟΥΛΗΚΑΙΟΔΗΜΟΣ
ΓΑΙΟΝΠΛΙΝΙΟΝΣΕΚΟΥΝΔΟΝ
ΕΠΑΡΧΟΝΣΠΕΙΡΗΣΘΡΑΚΩΝ
ΠΡΩΤΗΣΕΠΑΡΧΟΝΕΙΛΗΣΒΑΤΑ
ΟΥΩΝΑΝΤΕΠ·ΙΤΡΟΝΤΙΒΕΡΙ
ΟΥΙΟΥΛΙΟΥΑΛΕΞΑΝΔΡΟΥ
ΕΠΑΡΧΟΥΤΟΥΙΟΥΔΑΙΚΟΥΣΤΡΑΤΟΥ
ΑΝΤΕΠΙΤΡΟΠΟΝΣΥΡΙΑΣΧΙΛΙΑΡ
ΧΟΝΛΕΓΕΩΝΟΣΕΚΤΗΣΣΙΔΗΡΑΣ

['Αραδίω]ν ἡ βουλὴ κ[αὶ ὁ δῆμος / Γάιον Πλ[ίνιον Σεκοῦν[δον / ἐπαρ]χον σπείρης Θρα[κῶν / πρ]ώτης ἔπαρχον [εἴλης Βατα/ού]ων ἀντεπίτροπο[ν Τιβερί/ο]υ Ἰουλίου Ἀλε[ξάνδρου / ἐπ]άρχου τοῦ Ἰουδϊ[κοῦ στρατοῦ/ ἀντεπίτ]ροπον Συρ[ίας χιλίαρ/χ]ον λεγεῶνος ἕ[κτης σιδηρᾶς...].

Zeilentrennung und Ergänzung der beschädigten, heute verschollenen Inschrift sind nur beispielhaft.

Die Beschreibung dieser 1838 entdeckten Inschrift auf den älteren Plinius erfolgte durch Th. Mommsen (1884); sie ist von der Forschung nicht allgemein anerkannt worden.

Augenzeugenberichte in der N. H.

Rom

- 35 Konsulat des M. Servilius Nonianus (N.H. 37,81; vgl. auch 24,43 und 28,29)
- 36 Konsulat des Sex. Papinius (N.H. 15,47)
- 38/39 Schmuck der Lollia Paulina (N.H. 9,117f.)
- 42 Bau des Hafens von Ostia (N.H. 9,14f.)
  Freundschaft mit P. Pomponius Secundus (N.H. 13,83; 14,56)
  Bekanntschaft mit dem Grammatiker Apion (N.H. 1 praef. 25; 30,18)
  Bekanntschaft mit Antonius Castor (N.H. 25,9)

Germanien
Untergermanien

- 47 Rheinmündung und Wattenmeer (N.H. 12,98)
  Die Chauken (N.H. 16,2)
  Die Ubier (N.H. 17,47)
  Gänsejagd bei den Germanen (N.H. 10,54)
  Form der Unterwerfung bei den Germanen (N.H. 22,8)

Obergermanien

- 50/51 Donauquellen (N.H. 31,25)
  Heiße Quellen von Aquae Mattiacae (N.H. 31,20)

Rom

- 52 Einweihung des Entwässerungskanals am Fucinersee (N.H. 33,63; 34,124)
- 59 Sonnenfinsternis in Kampanien (N.H. 2,180)
- 66 Konsulat des Suetonius Paulinus (N.H. 5,14)
  Greuelherrschaft unter Nero (N.H. 7,45f.)

Judäa
(68/69) Balsamgärten (N.H. 13,111f.)
Sekte der Essener (N.H. 5,70ff.)
Jerusalem (N.H. 5,70)

Narbonensis
(70) Vokontier (N.H. 2,150)
Weinreben von Alba Helvia (N.H. 14,43)
Quelle Orga in Nemausus (N.H. 18,190)
Lagune Latera bei Nemausus (N.H. 9,28)
Vögelchen »taurus« in Arelate (N.H. 10,116)

Africa proconsularis
(72) Delphine von Hippo Diarhytus (N.H. 9,26)
Pflügen von Byzacium (N.H. 17,41)
Lotos (N.H. 13,104ff.)
Quelle von Tacape (N.H. 18,188)
Geschlechtsumwandlung des L. Consitius in
Thysdrus (N.H. 7,36)

Hispania Tarraconensis
73 Tamarische Quellen in Kantabrien (N.H. 31,24)
Bekanntschaft mit Larcius Licinus (N.H. 19,35;
31,24)
Bekanntschaft mit Sextus Pomponius
(N.H. 20,120)

Gallia Belgica
(75) Treverer (N.H. 18,183, vgl. 11,262)
Moriner (N.H. 19,8, vgl. 10,53; 12,6)
Belger (N.H. 16,158, vgl. 15,51.103)
Remer (N.H. 18,85; 19,97)

Abb. S. 24: Sitzstatue des älteren Plinius von den Brüdern Tommaso und Jacopo Rodari (15. Jh.), links neben dem Eingang zum Dom von Como.

Plinius als Naturforscher

Noch vor seiner Abreise nach Misenum widmete Plinius im Jahr 77 die N.H., die er in der Vorrede als »*ein für die Musen deiner Römer neuartiges Werk*« (N.H. 1 praef. 1) bezeichnete, dem Kronprinzen und späteren Kaiser Titus. Dies durfte er mit gutem Rechte tun, denn es war ihm gelungen, das gesamte naturwissenschaftliche Wissen seiner Zeit zusammenfassend darzustellen. Weder bei den Griechen noch bei den Römern oder anderen antiken Kulturvölkern war eine solch gigantische Aufgabe vollbracht worden. Größter Fleiß und unbeirrbare Ausdauer bei jahrzehntelanger Lektüre und emsiger Exzerpiertätigkeit waren die Voraussetzungen dafür.

In einem Briefe an C. Baebius Macer (epist. 3,5,7) schildert der Neffe die Lebens- und Arbeitsweise seines Oheims:

»*Du staunst gewiß, daß der vielbeschäftigte Mann so viel Arbeiten und in ihnen so viele heikle Dinge absolviert hat, und wirst noch mehr staunen, wenn Du hörst, daß er eine Zeitlang auch Prozesse geführt hat, erst 55 Jahre alt gestorben ist und die ihm verbleibende Zeit teils durch dringende Amtsgeschäfte, teils durch die Freundschaft der Kaiser in Anspruch genommen und behindert verlebt hat. Aber er war ein scharfsinniger Kopf, unglaublich interessiert und immer wach. Von den Vulcanalien an begann er gleich tief in der Nacht bei Licht zu arbeiten, nicht um der guten Vorbedeutung willen, sondern der Studien halber, winters um die siebente oder spätestens achte, oft auch schon um die sechste Nachtstunde; Schlaf stand ihm freilich zu jeder Zeit zu Gebote, befiel und verließ ihn bisweilen sogar beim Studieren. Vor Tagesanbruch ging er zum Kaiser Vespasian, denn auch der war ein Nachtarbeiter, von da zu dem ihm aufgetragenen Dienst. Nach*

Hause zurückgekehrt, widmete er, was er an Zeit erübrigte, den Studien. Nach dem Essen – er aß nach der Sitte der Alten mehrmals am Tage, leichte, bekömmliche Kost – legte er sich im Sommer, wenn er einen Augenblick Zeit hatte, in die Sonne, ließ sich etwas vorlesen, machte sich Notizen und Exzerpte. Denn er hat nichts gelesen, ohne es nicht auch zu exzerpieren; auch pflegte er zu sagen, kein Buch sei so schlecht, daß es nicht irgendwie Nutzen brächte. Nach dem Sonnenbad folgte meist ein kaltes Bad; darauf nahm er einen Imbiß und schlief dann ein wenig. Bald studierte er wieder, als hätte ein neuer Tag begonnen, bis es Zeit zur Hauptmahlzeit wurde. Bei Tisch wurde etwas vorgelesen und Notizen gemacht, und zwar wie im Fluge. Ich entsinne mich noch, wie einmal einer seiner Freunde den Vorleser unterbrach, als dieser eine Stelle schlecht vorgetragen hatte, und verlangte, sie zu wiederholen, und wie mein Oheim zu ihm sagte: ›Du hattest es doch verstanden, nicht wahr?‹, und als der nickte: ›Warum unterbrichst Du ihn dann? Mehr als zehn Zeilen haben wir durch diese Störung verloren!‹ So sparsam ging er mit der Zeit um! Im Sommer stand er noch bei Tage vom Tische auf, im Winter im Laufe der ersten Nachtstunde, wie unter dem Zwang eines Gesetzes.

So mitten in den Mühen, im Trubel der Stadt; auf dem Lande ruhten die Studien nur während der Badezeit. Wenn ich sage ›Badezeit‹, meine ich das eigentliche Bad, denn beim Frottieren und Abtrocknen ließ er sich vorlesen oder diktierte. Auf Reisen widmete er sich, sozusagen aller anderen Sorgen ledig, allein dieser Tätigkeit; ihm zur Seite mit Buch und Schreibtafel ein Stenograph, dessen Hände im Winter durch Handschuhe geschützt wurden, damit nicht einmal rauhes Wetter den Studien einen Augenblick entzöge; darum bediente er sich auch in Rom einer Sänfte. Ich muß noch daran denken, wie er mich zur Rede stellte, weshalb ich zu Fuß ginge. ›Du hättest diese Stunden nicht zu verlieren brauchen‹, sagte er; er hielt nämlich jeden Augenblick für verloren, der nicht auf die Studien verwandt wurde.«

Plinius ist sich der Schwierigkeit und Undankbarkeit seiner Aufgabe voll und ganz bewußt. »*Es ist ein schwieriges Unterfangen*«, sagt er, »*... der Natur eine sie völlig umfassende Darstellung zu verschaffen*« (1 praef. 15). Aber er tröstet sich, »*denn auch bei einem Mißerfolg ist der gute Wille allein schon mehr als hinlänglich schön und rühmlich.*« Er betont ausdrücklich, daß sich zu seinem Werk »*allerlei Zusätze machen lassen*«, er möchte sich durch diese Bemerkung gegen ungerechte Kritiker schützen. Er wird jedoch unbekümmert um solche, die nur »*Zank suchen*«, sein Vorhaben ausführen (1, praef. 28).

Plinius nennt sein Werk »*Libri Naturalis Historiae*«, oft auch nur als »*Naturalis Historia*« (N.H.) zitiert. Die richtige Übersetzung lautet »*Naturkunde*« und nicht »*Naturgeschichte*«, wie man leider oft im Schrifttum findet.

Von seinen Quellen sagt er selbst (1 praef. 17), daß er 20 000 der Behandlung werte Gegenstände aus der Lektüre von ungefähr 2000 Bänden von etwa 100 Autoren entnommen habe. Diese Zahlen sind nur ungefähre Schätzungen und liegen weit unter den tatsächlichen Werten. Plinius verfolgt in seinem Werk einen ganz neuartigen Gedanken: Im ersten Buch bringt er, anschließend an Vorrede und Widmung, ein Inhaltsverzeichnis der folgenden 36 Bücher, da er Rücksicht nehmen will auf die »*durch den Dienst am Allgemeinwohl beschränkte Arbeitszeit*« (1 praef. 33) des Kaisers und jedem Leser die Möglichkeit geben möchte, das Gewünschte sofort zu finden, ohne das ganze Werk lesen zu müssen.

Ja, unser Autor geht noch weiter, indem er jedem Inhaltsverzeichnis noch eine Liste der Gewährsmänner anfügt. Es ist ein schönes Zeichen seiner persönlichen Haltung, wenn er sagt, daß es »*recht und billig*« sei und eine »*anständige Ehrlichkeit*« bezeuge, »*einzugestehen, wem man etwas zu verdanken hat*« (1 praef. 21). Außerdem

bringt er bei fast allen Büchern noch eine »*Summe der Gegenstände, Geschichten und Beobachtungen*«. Zählt man alle diese Zahlen zusammen, so kommt man auf 34 707 Gegenstände etc. und auf insgesamt 146 lateinisch und 327 griechisch schreibende Autoren. Über die Richtigkeit dieser Zahlen läßt sich nur schwer eine Aussage machen, da man bei der Zählung der Gegenstände (für die Bücher 3–5 fehlen die Zahlen überhaupt) nicht mehr feststellen kann, wie Plinius vorgegangen ist.

Manchmal hat er im Werk Autoren zitiert, die im Verzeichnis nicht genannt sind, oder hat Gewährsmänner angeführt, ohne daß man erkennen kann, was er ihnen entnommen hat. Vor allem ist zu bedauern, daß er nur die Autoren, selten jedoch ihre Werke nennt. Wie verständlich ist der schmerzliche Ausruf Johann Gottfried Herders: »*Welche Mühe wäre uns erspart, welches Licht über das Altertum angezündet, wenn die Schriften Varros oder die 2000 Bücher, aus denen Plinius zusammenschrieb, zu uns gekommen wären!*« Aber auch so müssen wir ihm dankbar sein, daß er uns wenigstens Namen überliefert hat, die wir ohne ihn nicht kennen würden. Ob Plinius alle Werke selbst gelesen hat, wird bezweifelt, und man darf annehmen, daß ihm viele Einzelheiten, vor allem aus den Werken griechischer Gewährsmänner, durch Vermittlung Dritter zugekommen sind. Manches hat er auch durch mündliche Informationen und aus nicht veröffentlichtem Material (Akten, Inschriften etc.) und – allerdings selten – auch durch den Augenschein bei seinem Aufenthalt in fremden Ländern erfahren.

Bei den 160 auf beiden Seiten eng beschriebenen Buchrollen, die sich in seinem Nachlaß fanden, dürfte es sich

Plinius übergibt seine »Naturkunde« an Titus Vespasianus.
Abb. S. 28: Österr. Nationalbibliothek, Wien, Cod. 9.
Abb. S. 29: Biblioteca Laurenziana, Florenz, Cod. Plut. 82, 1.

um das »*Handexemplar*« des Autors gehandelt haben. Nach dem Zeugnis des Neffen (epist. 3,5,17) hätte er diese Aufzeichnungen während seiner Verwaltungstätigkeit in der Hispania Tarraconensis für 400 000 Sesterzen an den Legaten Larcius Licinus verkaufen können.

Nach welchen Gesichtspunkten ordnete Plinius nun das riesige ihm zur Verfügung stehende Material? Es lassen sich folgende Gruppen unterscheiden:

Buch 1: Vorwort mit Widmung an Titus Vespasianus, Inhaltsverzeichnis, Quellenindex
Buch 2: Kosmologie
Buch 3–6: Geographie
Buch 7: Anthropologie
Buch 8–11: Zoologie
Buch 12–19: Botanik
Buch 20–27: Heilmittel aus dem Pflanzenreich ⎫ Medizin und
Buch 28–32: Heilmittel aus dem Tierreich ⎭ Pharmakologie
Buch 33–37: Metallurgie, Mineralogie und Kunstgeschichte

Man erkennt eine durchaus sinnvolle Anordnung. Zuerst behandelt Plinius das Weltall, geht dann über zur Geographie, um sich hierauf dem Menschen zuzuwenden. Es folgen Tier- und Pflanzenwelt und anschließend – besonders ausführlich – die daraus gewonnenen Heilmittel. Die letzten Bücher sind der unbelebten Welt gewidmet, wobei der Autor die Gelegenheit ergreift, wichtige Einzelheiten aus der Kunstgeschichte zu bringen.

Um einen Überblick über das Gesamtwerk zu gewinnen, soll im Folgenden versucht werden, in gebotener Kürze den Inhalt der einzelnen Bücher zusammenzufassen.

Buch 2 beginnt mit einem Hymnus auf die unermeßliche Welt, die als göttliches Wesen betrachtet wird. Nicht mit Unrecht hat man die Anfangskapitel als ein antikes ›*gloria in excelsis*‹ bezeichnet. Die Gedankengänge sind von den Stoikern beeinflußt, wobei vor allem Poseidonios zu erwähnen ist, den Plinius wohl über Varro, einen seiner wichtigsten Gewährsmänner, kennengelernt hat. Das Weltbild, das uns Plinius vermittelt, ist noch ganz geozentrisch gedacht. Die Erde steht im Mittelpunkt des Weltalls, und um sie bewegen sich in der Reihenfolge Mond, Merkur, Venus, Sonne, Mars, Jupiter und Saturn. Die auf Empedokles aus Akragas zurückgehende Lehre von den vier Elementen gibt Plinius die Möglichkeit, den Stoff seiner Kosmologie zu gliedern:

§§ 1–101: Feuer
§§ 102–153: Luft
§§ 154–211: Erde
§§ 212–234: Wasser

Nach den hymnischen Anfangskapiteln (2,1–13) entwickelt Plinius einige Gedankengänge über Gottheit und Vorsehung (2,14–27), die für seine Haltung zwischen Gläubigkeit und Skeptizismus charakteristisch sind. Es ist die Lebensanschauung eines vielseitig gebildeten Mannes der römischen Kaiserzeit. Oftmals spricht er von Gott, dann wieder von Göttern, deren Existenz er nicht leugnet. Vom Aberglauben an Vorzeichen und Weissagungen kann er sich nicht ganz freimachen.

Es folgen Ausführungen über die Planeten (2,28–88), beginnend mit den oberen Planeten Saturn, Jupiter und Mars unter Einbeziehung der Sonne, anschließend werden Einzelheiten über die unteren Planeten Venus, Merkur und den Mond gebracht: dies alles ganz im Sinne des oben erwähnten geozentrischen Weltbildes. Über die Entstehung von Mond- und Sonnenfinsternissen hat Plinius im wesentlichen richtige Vorstellungen, wobei allerdings gesagt werden muß, daß ihm exakte mathematische und astronomische Kenntnisse fehlen. Dies wird besonders deutlich bei seinen Ausführungen über die Planetenbewegungen, deren angebliche Unregelmäßigkeit den antiken Astronomen viel zu schaffen machte und erst durch die

Epizykeltheorie des Apollonios und Hipparchos eine annähernde Erklärung gefunden hatte. Wenn diese Theorie auch von Plinius nicht erwähnt wird, so liegt sie doch wahrscheinlich seinen etwas schwer verständlichen Ausführungen zugrunde. Bei seinen zum Teil fehlerhaften Angaben über die Entfernungen der Gestirne erwähnt Plinius auch die Sphärenharmonie des Pythagoras, die bekanntlich noch im Hauptwerk »*Harmonice mundi*« Johannes Keplers (1619) eine wichtige Rolle spielt.

Von den Planeten geht Plinius zu den Kometen und Meteoren über (2,89-101). Diese Himmelserscheinungen waren meist schreckenerregende Vorzeichen, für die einige Beispiele gegeben werden. In diesem Zusammenhang beschreibt Plinius als irdisches Phänomen das von ihm selbst beobachtete Elmsfeuer.

Hierauf wendet sich der Autor den »*übrigen Merkwürdigkeiten des Himmels*« zu (2,102-153). Er versteht darunter die meteorologischen Erscheinungen der Atmosphäre, vor allem die Ursachen der Witterung: Winde und Stürme, Regen, Blitze und Donner, Hagel, Schnee und Tau werden besprochen und auf ihre Entstehung hin untersucht. Dabei finden sich auch Hinweise auf seltsame Himmelserscheinungen (›*mirabilia*‹).

Mit einer Lobrede auf die »*Mutter Erde*« wird der folgende Abschnitt eingeleitet (2,154-211). Die Kugelgestalt der Erde steht für Plinius außer Zweifel, wobei auch das Antipodenproblem berührt wird (2,161). Die Verteilung von Land und Wasser, die Unermeßlichkeit des Meeres sind Gegenstand längerer Ausführungen, wie auch die Lage der Erde im Kosmos. Gnomonik und Tagesdauer werden für verschiedene geographische Breiten – nicht immer ganz fehlerfrei – besprochen. Es folgt die Beschreibung besonderer Phänomene, wie z. B. der Erdbeben, die auf die »*Kraft der Gestirne*«, denen Plinius auch die Entstehung der Blitze zuordnet, zurückgeführt werden. Zahlreiche Beispiele über ihre Wirkung (Überschwemmungen, Entstehung von Inseln usw.) werden gebracht. Aber auch die »*Wunder der Erde*« werden nicht vergessen: der Vorrat an Metallen und Edelsteinen, die Kraft der Heilquellen, dann aber auch die oft todbringenden Dunsthöhlen, die schwimmenden Inseln usw.

Schließlich wendet sich der Autor dem vierten Element, dem Wasser, zu (2,212-234). Hier beschäftigt ihn zunächst die Darstellung der Gezeiten, die, durch Mond und Sonne verursacht, im wesentlichen richtig erklärt werden. Nach einigen Bemerkungen über den Salzgeschmack und die Tiefe des Meeres werden Flüsse, Seen und Quellen behandelt.

Nochmals zum Element Feuer zurückkehrend (2,235 bis 241) kommt Plinius auf die Erdölquellen zu sprechen (»*Maltha*« und »*Naphtha*«), um dann auf Vulkane und vulkanische Erscheinungen überzugehen.

Den Abschluß des Buches (2,242-248) und damit gleichzeitig eine Überleitung zu den folgenden geographischen Büchern bilden zahlenmäßige Angaben über die Größe der bewohnten Erde (Oikumene). Wenn Plinius am Schluß sagt, daß die Erde den 96. Teil der ganzen Welt ausmache, so erweist dies, daß man sich in der Antike keine auch nur annähernden Vorstellungen von den interplanetaren oder gar interstellaren Entfernungen gemacht hat.

Mit den Büchern 3-6 wendet sich Plinius der *Geographie* zu und verteilt den umfangreichen Stoff folgendermaßen:
Buch 3 und 4: Europa;
Buch 5: Afrika und einige Teile von Asien;
Buch 6: Asien, ferner Äthiopien.

Plinius sagt selbst im Index zu diesen Büchern, was er schildern möchte: »*Lage der Länder, Völker, Meere, Städte, Häfen, Berge, Flüsse, Entfernungen, Völker, die da sind oder da waren.*« Gewiß, innerhalb der N.H. ein gewaltiges Programm, dessen Bewältigung nicht einfach war. Wenn der Autor auch versucht, den Stoff etwas abwechslungsreicher zu gestalten, so war das vorhandene Material doch zu umfangreich, und Plinius muß sich oft nur damit begnügen, lange Namenlisten zu geben. Schon im 2. Buch (2,169) wird der karthagische Seefahrer Hanno erwähnt, der um 500 v. Chr. den vergeblichen Versuch machte, Afrika zu umfahren; er kam bis zum heutigen Kamerun und glaubte irrtümlich, sich an der Südspitze Arabiens zu befinden. Sein Bericht (»*Periplus Hannonis*«) beschränkte sich auf die Beschreibung der Küstenländer, ähnlich wie 200 Jahre später der Fahrtbericht des Flottenkommandanten Nearchos, der dem Landheer Alexanders des Großen folgte und vom Indus bis zum Euphrat segelte. Die Form dieser Küstenbeschreibungen liegt auch der Darstellung des Plinius zugrunde, wobei ihm die Tatsachen wahrscheinlich wiederum von Varro übermittelt worden sind. Die Beschreibung des Landesinneren folgt dann erst in zweiter Linie.

Die Bücher 3 und 4, die Europa gewidmet sind, erfahren im Sinne des soeben Gesagten ihre Einteilung in vier große Meeresbuchten: 1. von der Straße von Gibraltar im Süden Spaniens bis zur Südspitze Italiens (3,94); 2. vom Vorgebirge Lacinium bis zum Vorgebirge Acroceraunum in Epiros (3,97); 3. von hier bis zum Hellespont = den Dardanellen (4,1); 4. vom Hellespont bis zur Mündung des Mäotischen Sees = des Asowschen Meeres (4,75).

Plinius beginnt im Buch 3 mit der Provinz Baetica und dem diesseitigen Spanien (3,7–30), geht dann zur narbonensischen Provinz in Südfrankreich über (3,31–37), um sich dann Italien bis Lokri (3,38–75) und bis Ravenna (3,95–122) zuzuwenden. Dazwischen werden 64 Inseln besprochen (3,76–94), darunter die Balearen, Korsika, Sardinien und Sizilien. Den Schluß des Buches bilden Italien jenseits des Po (3,115–123), sowie Istrien, die Alpen, Illyrien, Dalmatien, Pannonien und Mösien (3,129 bis 150).

Das 4. Buch ist zunächst Griechenland gewidmet. Es beginnt mit Epiros und Achaia (4,1–22), geht dann über zu Attika und Böotien (4,23–28), Thessalien, Makedonien und Thrakien (4,29–51). Ausführlich werden die Inseln Kreta, Euböa, die Zykladen und Sporaden besprochen (4,52–74), bis dann der Hellespont und das Schwarze Meer erreicht werden (einschließlich der Inseln 4,75 bis 97). Sich nach Norden wendend bespricht dann Plinius die germanischen Völker (4,98–101), kommt hierauf zu 96 Inseln im Gallischen Ozean, darunter Britannien (4,102–104) und behandelt schließlich das belgische, lugdunensische und aquitanische Gallien (4,105–109). Der Kreis schließt sich mit dem Übergang zu Spanien und Lusitanien, einschließlich der Inseln im Atlantischen Ozean (4,110–120). Einige Entfernungsangaben, deren Wert problematisch ist, beschließen das Buch (4,121–122).

Im Buch 5 beginnt Plinius wieder bei der Straße von Gibraltar, diesmal aber auf der Seite Afrikas. Mauretanien, Numidien, die Syrten und die Kyrenaika, einschließlich der in der Nähe liegenden Inseln, werden zunächst behandelt (5,1–42). Über das Innere Afrikas weiß Plinius allerdings nicht viel mitzuteilen (6,43–46) – meist sind es nur fabulöse Nachrichten, die er geben kann. Sicheren Boden betritt er wieder bei der Beschreibung Ägyptens (5,47–64). Es folgen Arabien, Judäa, Syrien und die ans Mittelmeer grenzenden Gebiete Kleinasiens (5,65 bis 127). Besondere Beachtung verdient der Bericht über die Sekte der Essener (7,73), die durch die Auffindung der Schriftrollen in Qumran am Toten Meer (1947) bekannt geworden sind. Unter den vor Kleinasien liegenden 212 Inseln werden ausführlicher beschrieben: Zypern, Rhodos, Samos, Chios und Lesbos (5,128–140). Wieder im Hellespont angelangt, folgen die Länderbeschreibungen von Mysien, Phrygien, Galatien und Bithynien (5,141 bis 150). Den Schluß des Buches bilden die Inseln der Propontis = des Marmarameeres (5,151).

Buch 6 setzt die Schilderung der Länder am Schwarzen Meer fort: Paphlagonien, Kappadokien, die Mäotis = das Asowsche Meer, Armenien, der Kaukasus (6,1-32). Es folgt das Land der Skythen, der Völker um das Kaspische Meer und schließlich werden auch die Serer = Seidenleute (= Chinesen) im östlichen Asien erwähnt (6,33-55). Ausführlich und genauer kann Plinius über Indien berichten, wobei ihm Eratosthenes, der wiederum auf die Alexanderhistoriker zurückgeht, wertvolles Material liefert; auch Varro wird wieder herangezogen (6,56-80). Die Insel Taprobane (= Ceylon – Sri Lanka) wird nicht vergessen (6,81-91). Es folgen die Arianer, Karmanien, der Persische Meerbusen und schließlich das Reich der Parther, Mesopotamien und die Bucht des Roten Meeres (6, 92-169).

Nun wieder zu Afrika übergehend werden die »Höhlenbewohner« (Troglodyten) und Äthiopien besprochen (6,170-201). Den Schluß bilden die Fortunatae Insulae (= Kanarischen Inseln) an der Westküste Afrikas, womit sich der Kreis wieder schließt (6,202-205). Mit vergleichenden Maßbestimmungen und einer Einteilung der Erde nach Parallelkreisen und gleichen Schattenlängen (6,206 bis 220) beendet Plinius den geographischen Teil.

Welch riesiges Material hier verarbeitet wurde, mag aus folgenden Zahlenangaben des Plinius zu Buch 6 ersehen werden: 1195 Städte, 576 Völker, 115 berühmte Flüsse, 38 berühmte Berge, 108 Inseln, 95 verschwundene Städte oder Völker, 2214 Gegenstände, Geschichten und Beobachtungen. Wenn sich unter diesen zahlreichen Notizen auch manch Fehler- und Märchenhaftes eingeschlichen hat, so wird dadurch der Wert dieser zusammenfassenden Darstellung nicht gemindert.

Mit dem Buch 7 wendet sich Plinius den Lebewesen zu und beginnt mit dem Menschen, dem er zunächst allgemeine Betrachtungen widmet. Er spricht über seine Stellung zur Natur, die um seinetwillen »*alles andere erschaf-*

fen zu haben scheint« (7,1). Hier findet man auch den bekannten Satz, wonach dem Menschen das meiste Übel vom Menschen droht (7,5). Die Beschreibung merkwürdiger Völkerstämme (7,6–32) hat Plinius manchen Tadel eingebracht, da er viele dem Reich der Fabel zugehörige Dinge aufzählt. Er ist zwar keineswegs davon überzeugt, daß diese, wohl auf unklare Reiseberichte zurückgehenden Erzählungen der Wahrheit entsprechen, glaubt aber, durch solche Märchen den trockenen Stoff etwas auflockern zu müssen.

Der eigentliche physiologische Teil, der den Menschen von seiner Geburt bis zum Tode behandelt (7,33–190), zeichnet sich durch beachtliche Exaktheit aus (Dauer der Schwangerschaft, Wachstum, Fragen der Vererbung, Lebensdauer und Tod). Durch zahlreiche Beispiele seltsamer Lebensschicksale, wobei Plinius auch Einzelheiten aus dem Leben berühmter Männer (z. B. Pompeius, Augustus, Caesar, Cicero) bringt, wird das Gesagte untermauert. Aber auch hier kann es sich der Autor nicht versagen, mehrere ›*mirabilia*‹ zu bringen (seltsame Mißgeburten, Riesen und Zwerge, Erweckung Scheintoter, aber auch Beispiele enormer Körperkraft, außerordentlicher Sehschärfe usw.). Kaum ein anderes Buch der N.H. ist so reich an moralischen Betrachtungen.

Am Schluß des Buches (7,191–209) erscheint es dem Autor sinnvoll, »*anzuführen, was einzelne erfunden haben*«. Dieser umfangreiche Katalog der Erfindungen ist weniger bedeutsam durch die Aufzählung meist legendärer Persönlichkeiten als durch die Erwähnung der Erfindungen selbst (Baukunst, Metallgewinnung, Holzverarbeitung, Ackerbau, Kriegswesen u. a.). Das Buch schließt mit einem Hinweis auf die Gemeinsamkeiten der Völker. Es sind dies die Schrift, das Scheren des Bartes und die Stundeneinteilung, ergänzt durch einen kurzen Exkurs über Sonnen- und Wasseruhren (7,210–215).

In den Büchern 8–11 befaßt sich Plinius mit der *Zoologie*. In der Anordnung des Stoffes wird man allerdings vergebens eine auf wissenschaftlichen Grundsätzen basierende Systematik erkennen können; Plinius ordnet nach äußerlichen Gesichtspunkten. Er beginnt in Buch 8, das den Landtieren afrikanischer und orientalischer Herkunft gewidmet ist (8,1–141), mit dem größten Tier, dem Elefanten (8,1–34). Es folgen Abschnitte über Schlangen, Tiere des Nordens, dann über die Löwen und andere wilde Tiere, wobei wissenschaftliches Material wieder mit anekdotenhaften Erzählungen, auch über Fabeltiere, vermischt ist. Der zweite Teil des Buches (8,142–224) befaßt sich mit den einheimischen Tieren, vor allem den Haustieren. Abschließend folgen noch einige Bemerkungen über Tiere, die nur in bestimmten Gebieten vorkommen (8,225–229).

Auch Buch 9, das den Wassertieren gewidmet ist, beginnt mit dem größten, dem Walfisch (9,1–19). Es folgt der Delphin (9,20–32), über den viel Merkwürdiges berichtet wird. Thunfische, Aale und Muränen – beliebte Leckerbissen auf dem römischen Tisch – schließen sich an. Nach den Krebsen (9,87–102) kommt Plinius auf die Perlen zu sprechen (9,106–123) und auf den Luxus, den man mit ihnen getrieben hat. Auch die Purpurschnecken mit wichtigen Hinweisen auf die Purpurfärberei (9,124–141) sind Gegenstand der Darstellung, ebenso »*Lebewesen, die zwischen den Tieren und Pflanzen stehen*« (9,146–150), womit vor allem Quallen und Schwämme gemeint sind. Bemerkungen über Fortpflanzung und Krankheiten der Fische ergänzen das reichhaltige Material.

Im Buch 10 werden die Vögel besprochen, wobei abermals die größten Tiere am Anfang stehen: Strauß, der fabelhafte Phönix, Adler und Geier, sowie weitere Raubvögel (10,1–28). Eine Unterscheidung der Vögel nach ihren Füßen wird gegeben und durch zahlreiche Beispiele erläutert. Länger hält sich der Autor bei den Singvögeln auf (10,80–87), um dann auf den Nestbau der Tiere näher einzugehen. Auch über die Verschiedenheit des Vogelfluges wird einiges mitgeteilt (10,111–113), ferner über sprechende Vögel (10,117–125), über Nahrung und Fortpflanzung. Leider läßt dieses Buch eine auch nur einigermaßen sinnvolle Anordnung vermissen. Ja, es werden am Schluß auch noch Einzelheiten gebracht, die gar nicht zum Thema »Vögel« gehören, wie Fortpflanzung der Landtiere (10,171–190), die Sinne der Tiere (10,191 bis 193), Feind- und Freundschaft unter den Tieren (10,203 bis 208), Schlaf und Traum (10,209–212).

Mit Buch 11 wendet sich Plinius schließlich den Insekten zu, wobei die Besprechung der Bienen (11,11–70) und damit der Honiggärten besonders ausführlich ist. Es folgen Wespen und Hornissen (11,71–74), dann die wichtigen Seidenraupen (11,75–78), ferner Spinnen, Käfer, Ameisen usw. Im zweiten Teil des Buches (11,121–284) behandelt der Autor die Beschaffenheit aller Tiere nach ihren Körperteilen und liefert auch hier umfangreiche, meist auf Aristoteles zurückgehende Einzelheiten. Wenn Plinius am Schluß des Buches angibt, daß die Summe der Gegenstände 2700 beträgt, so mag daraus die Fülle des mitgeteilten Materials ersehen werden.

Die Bücher 12–19 enthalten die *Botanik:* war auf dem Gebiete der Zoologie Aristoteles einer der wichtigsten Gewährsmänner, so steht hier nun Theophrastos im Vordergrund. Nach einigen allgemeinen Bemerkungen über das Ansehen der Bäume (12,1–6) – auch die Pflanzenwelt ist bei Plinius »nicht ohne Seele« – wird im Buch 12 mit der Beschreibung der ausländischen Bäume begonnen, die auch den Inhalt des folgenden Buches 13 ausmachen. Was über das Fehlen einer auf wissenschaftlicher Grundlage aufgebauten Systematik bei den zoologischen Büchern gesagt wurde, gilt auch für den botanischen Teil.

Am Anfang steht wieder einer der größten Bäume, die Platane (12,6–13). Ausführlich werden die Bäume Indiens besprochen (12,17-32) und anschließend die Bäume in anderen Ländern (12,33-135). Länger hält sich der Autor auf bei der für die Salben so wichtigen Narde (12, 42-46), beim Weihrauch (12,51-65) und bei der Myrrhe (12,66-71), ebenso bei dem als Gewürz viel verwendeten Zimt (12,82-94) und der Kassia (12,95-98). Große Bedeutung kommt auch den Riechstoffen zu, die aus verschiedenen Pflanzen gewonnen wurden, z. B. aus dem Balsambaum (12,111-123) und dem Storax (12,124-125).

Buch 13 schließt sich eng an das vorhergehende Buch an, bringt aber zunächst ausführliche Angaben über Salben und ihre Herstellung (13,1-25), wobei es sich der Autor wieder nicht versagen kann, den Luxus seiner Zeit anzuprangern. Zu den Bäumen zurückkehrend, wird zuerst ausführlich die Dattelpalme besprochen (13,26-50). Es folgen die Bäume Syriens (13,51-55), Ägyptens und Äthiopiens (13,56-90). Technologisch besonders wertvoll sind die Ausführungen über die Papyrusstaude (13,68 bis 89), über die Herstellung und Prüfung der Papiere. Von den Bäumen Nordafrikas werden vor allem der Zitrusbaum und der Lotos hervorgehoben (13,91-113). Nach einer Besprechung der Bäume Asiens und Griechenlands (13,114-134) macht Plinius nähere Angaben über einige Meerespflanzen (13,135-142).

Die Bücher 14 und 15 können ebenfalls zusammen betrachtet werden. Von den ausländischen Bäumen geht Plinius zu den allgemein verbreiteten fruchttragenden Bäumen über und widmet das ganze Buch 14 dem Weinbau und der Gewinnung des Weines. Er nennt 91 Arten von Weinreben und Trauben (14,20-43), gibt Besonderheiten über die Kultur der Weingärten (14,44-52) und bespricht die Beschaffenheit des Weines. Von den verschiedenen Weinarten, auch aus Übersee (14,59-76), werden zunächst die besonders edlen Sorten, dann die von geringerer Güte aufgezählt, schließlich noch 66 Arten künstlicher Weine (14,100-112); dazu gehören Obst- und Gewürzweine. Verschiedene Zusatzstoffe, wie Honig, Essig, Harze usw., werden ebenso behandelt, wie die Aufbewahrung der Weine in den Kellern (14,132–136). Dann kommt der Autor auf die Trunkenheit und ihre üblen Folgen zu sprechen.

Als weiteres wichtiges Gewächs folgt dann im Buch 15 der Ölbaum (15,1–34). Gewinnung und Beschaffenheit des Olivenöls und anderer Öle werden dargelegt. Hierauf wendet sich Plinius den Obstarten zu (15,35–117). Darunter finden sich u. a. Quitten, Granatäpfel, Pflaumen, Äpfel (30 Arten), Birnen (41 Arten), Feigen (29 Arten) usw. – wiederum eine Fülle von Material! Mit einer ausführlichen Beschreibung der Myrte und des Lorbeers (15, 118–138) schließt das Buch.

Buch 16 hat die wildwachsenden Bäume zum Gegenstand. Nach einer kurzen Bemerkung über Gegenden ohne Bäume und die Wunder der Bäume in nördlichen Gebieten spricht Plinius über die eicheltragenden Bäume (16, 7–34), beginnend mit einem Exkurs über die Kränze, die als Auszeichnung verliehen wurden. Nach der Besprechung verschiedener Nadelbäume wird einiges über die Zubereitung von Pech mitgeteilt (16,53–55). Es folgen Bäume, die wertvolles Holz liefern (16,62–72).

Hierauf geht Plinius zur eigentlichen Beschaffenheit der Bäume über, bringt also eine Art Pflanzenphysiologie (16,73–138) in großer Ausführlichkeit (Verschiedenheit der Blätter, das Reifen der Früchte usw.). Es folgen einzelne Beschreibungen von Bäumen, wie der Zypresse (16, 139–142) und des Efeus (16,144–152). Nach den Wasserpflanzen (16,156–180) kommt Plinius auf die Eigenschaften und Verwendungsmöglichkeiten des Holzes zurück (16,181–233). Wir erfahren einiges über das Bauholz, über das Holz zu Tischlerarbeiten, über das Furnierholz. Am Schluß werden wieder einige ›mirabilia‹ gebracht (hohes Alter von Bäumen, berühmte Bäume). Interessant ist auch die Erwähnung einiger Schmarotzerpflanzen, z. B. der Mistel, deren rituelle Verwendung bei den Druiden in Gallien erzählt wird (16,243-251).

In Buch 17 kommt Plinius zur Baumzucht und Baumpflege. Nach einigen Anekdoten über den hohen Preis von Bäumen (17,1-9) wird der Einfluß des Klimas, vor allem bei der Anlegung von Weingärten behandelt (17,10 bis 24). Bodenbeschaffenheit und Düngung werden eingehend besprochen (17,25-57). Längere Abschnitte handeln über das Anpflanzen der Bäume, über Baumschulen, über das Wachstum, über Pfropfen und Okulieren (17,58 bis 124). Es folgen Einzelheiten über die Pflege des Ölbaums und der Obstbäume (17,125-140). Anschließend wird die Behandlung des Weinstocks mit großer Ausführlichkeit dargelegt (17,152-214). Auch die Krankheiten der Bäume und Heilmittel dafür (17,216-240.246-267) werden nicht vergessen.

Buch 18 ist seinem äußeren Umfange nach das reichhaltigste Buch der ganzen N.H. Es handelt von der Beschaffenheit der Feldfrüchte und beginnt mit einem Loblied auf die alte Zeit, die dem Ackerbau eine so große Bedeutung zugemessen hat (18,1-25). Nun wird berichtet, was beim Kauf eines Feldes zu beachten ist und welche Regeln beim Feldbau zu berücksichtigen sind (18,26-48). Hierauf werden die verschiedenen Getreidearten besprochen (18,49-116); zuerst die Winterfrüchte, wie Weizen, Gerste, dann die Sommerfrüchte, wie Sesam und Hirse. Bei dieser Gelegenheit werden einige Abschnitte über das Mahlen des Getreides und das Verfahren beim Brotbakken eingefügt. Anschließend folgen die Hülsenfrüchte (18, 117-136) und Futterpflanzen (18,137-148). Den Ursachen der Pflanzenkrankheiten und den entsprechenden Gegenmitteln sind die nächsten Abschnitte gewidmet (18, 149-162). Nun geht der Autor über zur Behandlung der verschiedenen Bodenarten und kommt dabei zur Schilderung der bäuerlichen Tätigkeiten: Pflügen, Eggen, Jäten, Behacken, Düngen, Säen usw. (18,163-200). Von großer

Wichtigkeit sind die Saatzeiten und die Feldarbeiten für jeden Monat (18,201–320). Hier finden sich auch längere Ausführungen über das Heu, über die Ernte, die Aufbewahrung des Getreides und über die Weinlese. Am Ende kommen noch Bemerkungen über Wetterzeichen und Unwetter, über Winde, über die Sonne und Gestirne (18,321 bis 365).

Buch 19 ist das letzte der Botanik gewidmete Buch und soll die Gartengewächse behandeln. Zunächst aber möchte Plinius all das nachholen, was noch nicht näher besprochen ist. Es sind dies vor allem der Lein (19,1–25), das Pfriemgras (19,26–31), die »wurzellosen« Pflanzen, wie Trüffeln und Pilze, dann das berühmte Laserpitium, auch Silphion genannt, und das wichtige Wollfärbemittel, der Krapp (19,32–48). Jetzt erst geht der Autor zu den Gartengewächsen über und beginnt mit Regeln für die Anlage eines Gartens, um dann die einzelnen Pflanzen zu beschreiben. Dies sind die auch heute noch geschätzten Nutzpflanzen, wie Gurke, Kürbis, Rüben, Zwiebeln, Lauch, Knoblauch usw., wobei auch die Gewürze nicht vergessen werden, ebensowenig wie die verschiedenen Kohlarten und der Spargel (19,49–175). Analog wie auch schon im vorhergehenden Buch werden die Krankheiten der Gartengewächse und die entsprechenden Heilmittel behandelt (19,176–182). Den Abschluß bilden Bemerkungen über die Bekämpfung von Ungeziefer (19,183–185), sowie über die Säfte der Gartengewächse (19,168–188). Schließlich erwähnt Plinius (19,189), daß er bisher die Gartengewächse nur unter dem Gesichtspunkt ihrer Verwendung als Nahrungsmittel besprochen habe, nun aber zu ihrer besonders wichtigen medizinischen Wirkung übergehen möchte.

Den Inhalt der Bücher 20–27, die sich zum Teil eng an die vorhergehenden Bücher über Botanik anschließen, kann man am besten mit »*Heilmittel aus dem Pflanzenreich*« umschreiben. Innerhalb der N.H. wird den Heilmitteln ein besonders breiter Raum gewährt, und gerade diese Bücher sollten für das Mittelalter bis weit in die Neuzeit hinein große praktische Bedeutung gewinnen.

Die Bücher 20 und 21 bringen die Heilmittel aus den Gartengewächsen und stehen deshalb im engen Zusammenhang mit Buch 19. Nach einleitenden Bemerkungen, daß die Ernährung des Menschen vom Standpunkt der Sympathie und Antipathie betrachtet werden soll, geht Plinius dann auf die einzelnen Pflanzen über, von denen er manchmal noch kurze Beschreibungen liefert, um dann aber ihre Heilwirkung bei den verschiedensten Krankheiten zu besprechen. Oft werden auch die Rezepte angegeben, allerdings nur selten mit Zahlenwerten. Wichtigster Gewährsmann dürfte für Plinius Sextius Niger gewesen sein, wie auch für Dioskurides, mit dessen Arzneimittellehre sehr oft große Übereinstimmung besteht, die bei beiden Autoren auf diese gemeinsame Quelle schließen läßt. Im Buch 21 werden auch Blumen und Kranzgewächse, in Buch 22 weitere Gartenpflanzen (22,14-73) besprochen; es folgen eßbare Kräuter und Pilze (22,73-118) und die Heilmittel aus den Feldfrüchten (22,119-164).

Buch 23 behandelt die Heilmittel, die aus den Bäumen gewonnen werden, die schon in den Büchern 14 und 15 beschrieben wurden. Ausführlich geht der Autor wieder auf den Weinstock und seine Erzeugnisse ein (23,3-68), dann auf den Ölbaum und die Wirkung anderer Öle (23, 69-95), auf die Palmen (23,96-99) und schließlich auf die verschiedenen Obstarten (23,100-166).

Mit Buch 24 sind die Heilmittel aus den Waldbäumen und wildwachsenden Pflanzen an der Reihe, wobei wieder ein gewisser Zusammenhang mit den botanischen Büchern 12 und 16 besteht. Am Ende wendet sich Plinius den Pflanzen zu, die *»zwar merkwürdig, aber weniger bekannt sind«* (24,138-177) und fügt noch einige Bemerkungen über Gräser bei (24,178-188).

Am Anfang des Buches 25 stehen einige historische Ausführungen über römische und griechische Autoren, die sich mit den Heilmitteln aus Pflanzen befaßt haben (25,1 bis 26). Dies veranlaßt den Autor, berühmte Heilpflanzen aufzuzählen, die nach Göttern, Heroen und nach Königen benannt oder von diesen entdeckt worden sind (25, 26–72); aber auch Frauen und Ärzte, Völker und sogar Tiere haben Heilpflanzen gefunden (25,73–98). Nach diesen Ausführungen wird die Heilwirkung der Kräuter z. B. gegen Schlangenbiß und Skorpionstich behandelt (25,99–131). Plinius bringt nun eine neue Einteilung, indem er die Pflanzenheilmittel für die Krankheiten des Körpers, beginnend mit dem Kopf, aufzählt (25,132 bis 175), ein Schema, das auch noch in Buch 26 beibehalten wird.

Dieses Buch enthält zunächst einige historische Betrachtungen zur Heilkunde (26,3–20), um sich dann wieder den Krankheiten »vom Kopf bis zum Fuß« zuzuwenden (26,21–150). Auch die Frauenkrankheiten und ihre Behandlung werden erwähnt (26,151–163). Am Schluß kommen noch Mittel zur Färbung und Entfernung von Haaren (26,164).

Buch 27, das letzte den Heilmitteln aus dem Pflanzenreich gewidmete Buch, bringt in alphabetischer Reihenfolge alle Pflanzen, die bisher kaum oder noch nicht erwähnt wurden.

Die Zoologie, die in den Büchern 8–11 behandelt worden war, findet in den Büchern 28–32 ihre Fortsetzung. Plinius möchte den interessierten Leser nun auch über die *Heilmittel, die aus dem Tierreich* gewonnen werden können, informieren. Eine große Rolle spielen in dieser Gruppe abergläubische Vorstellungen, die beweisen, welch uraltes Gedankengut von Plinius überliefert wurde.

Buch 28 beginnt mit den Heilmitteln aus dem Menschen (28,1–86). Es wird anhand von Beispielen u. a. die Frage untersucht, ob Worte und Zauberformeln etwas vermögen, wobei der Autor keine eindeutige Stellungnahme erkennen läßt. Nun geht Plinius zu den Heilmitteln aus fremdländischen Tieren über (28,87-122). Tiererzeugnisse, wie Milch, aber auch Käse und Butter werden auf ihre Heilwirkung hin untersucht (28,123-148). Ähnlich wie im botanischen Teil folgen nun die Heilmittel nach dem Schema *»von Kopf bis Fuß«*. Der Behandlung von Schlangenbissen wird besonderer Raum gegeben. Den Schluß des Buches bilden wieder einige Wunderdinge aus dem Tierreich.

Die Bücher 29 und 30 gehörten wahrscheinlich ursprünglich zusammen. Buch 29 beginnt mit einem kurzen Abriß zur Geschichte der Medizin bei den Griechen und Römern (29,1-28), um dann wieder zu den Heilmitteln aus dem Tierreich überzugehen (29,29-56). Sehr breit behandelt sind die Mittel gegen Gifte, besonders gegen das Schlangengift (29,59-105), und gegen Krankheiten am Kopf (29,106-143).

Buch 30 stellt die Fortsetzung dar, fängt aber mit einer berühmt gewordenen Geschichte der Magier an (30,1 bis 18). Es folgen zahlreiche Heilmittel gegen Krankheiten der einzelnen Körperteile, gegen Frauen- und Kinderkrankheiten (30,21-149).

Auch die Bücher 31 und 32, die den Heilmitteln aus den Wassertieren gewidmet sind, gehören inhaltlich zusammen und stehen in naher Beziehung zu Buch 9. Zunächst aber geht es dem Autor darum, die wunderbaren Eigenschaften der Gewässer ausführlich darzulegen. Nicht nur die Wirkung der Heilquellen, sondern auch die des Meerwassers werden besprochen (31,1-72). Auch aus dem Salz und den Schwämmen werden Heilmittel gewonnen (31,73-131).

Erst mit Buch 32 geht Plinius zu den Lebewesen im Wasser über und beginnt diesmal gleich mit den Wunderdingen aus dem Reich der Fische, zum Teil mit historischen Bemerkungen untermischt (32,1-42). Nach dem schon mehrfach angewandten Schema »*von Kopf bis Fuß*« kommen nun die Heilmittel aus den Fischen zur Sprache (32,42–141). Den Schluß des Buches bildet ein alphabetischer Katalog »*aller im Meer lebenden Tiere*«, wie es im Index heißt (32,142–154). Als Quellenschriftsteller kommen vor allem Xenokrates und Ovid in Betracht. Es werden jedoch auch Fische erwähnt, die vorher noch von keinem Autor beschrieben wurden.

Die letzte Gruppe von Büchern (33–37) der N.H. umfaßt die Gebiete, die man am besten mit den Begriffen *Metallurgie und Mineralogie* bezeichnet, freilich noch nicht in dem Sinne, wie wir heute diese Wissenschaften verstehen. Die Frage der Verarbeitung der Metalle und Steine veranlaßt Plinius, eine umfassende Kunstgeschichte zu geben. Bei der Besprechung der Edelsteine wird auch ihre medizinische und magische Wirkung hervorgehoben.

Buch 33 ist den beiden Edelmetallen Gold und Silber gewidmet, was dem Autor wieder mehrfache Gelegenheit gibt, den Luxus seiner Zeit anzuprangern. Von den goldenen Fingerringen kommt Plinius auf den Ritterstand zu sprechen, erwähnt das Münzwesen und das Auffinden des Goldes in den Bergwerken – ja auch Heilmittel aus dem Gold werden behandelt (33,4–85). Ähnlich verfährt der Autor beim Silber, wobei er auch »*Beispiele von unmäßigem Reichtum*« bringt (33,95–158). Damit ist aber der Inhalt des Buches keineswegs erschöpft, denn es werden auch alle Stoffe besprochen, die als Nebenprodukte in den Gold- und Silberbergwerken gefunden werden: das Berggrün, auch Chrysokolla genannt (33,86–93), einschließlich seiner Anwendung in der Malerei und Medizin, das Quecksilber (33,99f.; 33,123f.), das minium, worunter meist der Zinnober zu verstehen ist (33,111–124), Stimi (33,101), Ocker und »*Himmelblau*« (caeruleum) (33,158 bis 164). Dazwischen finden sich kleinere Bemerkungen über das Löten (33,94), das Vergolden (33,125), den Probierstein (33,126), Silberspiegel (33,128–130) und silberne Standbilder (33,151-153), wobei auch einige berühmte Toreuten und ihre Werke genannt werden (33,154 bis 158).

Nach den Edelmetallen sind es nun im Buch 34 die Erzeugnisse der Erzgruben (34,1-137), der Eisengruben (34,138-155) und der Bleigruben (34,156-178), die eine ausführliche Besprechung erfahren. Beim Erz steht die künstlerische Verarbeitung an der Spitze: seine Verwendung zum Tempelschmuck und zur Herstellung von Standbildern. Dies führt dann (34,49ff.) zur Aufzählung berühmter Künstler und ihrer Werke. Auch über Legierungen, über Nebenprodukte (Galmei, Vitriol, Grünspan) wird einiges mitgeteilt und zwar immer zusammen mit den Anwendungsmöglichkeiten dieser Stoffe in der Medizin. Analog beim Eisen, von Plinius als das *»beste und zugleich schlimmste«* Metall bezeichnet. Hier wird auch der Magnet erwähnt. Vom Blei, das noch nicht exakt vom Zinn unterschieden wird (»schwarzes« und »weißes« Blei) gibt Plinius manche technischen Einzelheiten an. Die für die Malerei wichtigen Pigmente Bleiweiß und die Arsenverbindungen Sandarak und Operment, werden erwähnt.

Buch 35 bietet reichhaltiges kunstgeschichtliches Material. Plinius möchte zwar die Erdarten und Steine besprechen, wendet sich aber gleich der Malerei und ihrem Ursprung zu. Er erwähnt die einfarbige Malerei (35,1-29) und geht dann auf die einzelnen Pigmente, ihr Vorkommen und ihre Gewinnung ein (35,30-50). Nach dieser Malmaterialienkunde, bei der auch der medizinische Aspekt der Substanzen nicht vergessen wird, folgt die eigentliche Geschichte der Pinselmalerei (35,53-148). Zahlreiche Künstler, vor allem griechischer Herkunft, werden mit ihren Werken vorgeführt und manche Namen kennen wir nur durch Plinius. Nach einem kurzen Hinweis auf die Enkaustik und die Stoffärberei in Ägypten 35,149f.) werden Tonplastik und Töpferei behandelt (35, 151-165). Mit der Aufzählung mehrerer Erdarten schließt das Buch (35,160–202). Wir erfahren einiges über den bei Puteoli vorkommenden Kalktuff und über die Herstellung und Größe der Ziegelsteine. Plinius zählt zu den Erdarten auch den Schwefel, den Asphalt, den Alaun und die Kreide.

Mit Buch 36 will der Autor die Steine besprechen und beginnt mit dem Marmor, wobei wieder über den Luxus geklagt wird (36,1–8), um dann zur Geschichte der Marmorskulptur überzugehen (36,9–43). Berühmte Künstler und Bauwerke werden ebenso besprochen wie technische Einzelheiten bei der Verarbeitung des Materials. Nach der Beschreibung der verschiedenen Marmorarten (36,54 bis 58) folgt die Besprechung von Obelisken, Pyramiden und Sphinxen (36,64–82), aber auch die Weltwunder (Leuchtturm von Pharos, hängende Gärten) und vor allem berühmte Bauwerke in Rom sind Gegenstand der Darstellung (36,83–125). Anschließend kommen die verschiedenen Steinarten zur Sprache: Magnetstein, Mahlsteine, Pyrit, Gagat, Hämatit, Bimsstein, Spiegel- und Schleifstein, Tuff, Kieselstein, Sandstein, Gips und andere (36,126ff.). Hierbei werden auch viele Fragen der Baukunst berührt: verschiedene Arten von Mauerwerk, Bau von Zisternen, einiges über Baustile, über Mosaikböden, über den Estrich. Der Entdeckung und Herstellung des Glases werden einige Abschnitte gewidmet (36,190–199), und den Abschluß bilden dann die »Wunderdinge vom Feuer«, ohne dessen Hilfe »fast nichts geschaffen werden kann«.

Buch 37, das letzte Buch der N.H., behandelt die Edelsteine und beginnt gleich mit berühmten Ringen und Gemmen (darunter den »Ring des Polykrates«) und gibt mehrere Beispiele der Steinschneidekunst (37,1–17). Auch die berühmten murrhinischen Gefäße (aus Flußspat), der Bergkristall und der Bernstein finden hier ihren Platz (37,18–51). Nach dem sagenhaften Luchsstein (37,52f.) kommen die eigentlichen Edelsteine: Diamant, Smaragd, Opal, Sardonyx und viele andere werden mit ihren verschiedenen Spielarten aufgezählt, wobei ihre Klassifizierung nach Farben ein gewisses Ordnungsprinzip erkennen läßt (37,54–138). Eine Fülle von Namen, deren Deutung sehr oft nicht mehr möglich ist, bringt dann der in alphabetischer Reihenfolge aufgebaute Katalog der Steine (37, 139–185). Hierbei fehlen auch nicht solche Steine, die nach Körperorganen (*Leberstein*), Tieren und Dingen benannt sind und sich auch durch ihre magische Wirkung auszeichnen sollen (37,186–195). Einige Möglichkeiten zur Prüfung der Edelsteine auf ihre Echtheit werden besprochen, da das Gewerbe der Fälscher auch schon in der Antike eifrig betrieben wurde.

Den Abschluß der gesamten N.H. bildet ein Loblied auf die Heimat Italien, die als *Herrscherin und zweite Mutter der Welt* bezeichnet und vor allen anderen Ländern gerühmt wird. Im letzten Satz wendet sich der Autor nochmals an die Natur, der *Mutter aller Dinge*, die er in allen ihren Teilen als erster Römer verherrlicht haben wollte (37,201–205).

Diese nur fragmentarisch gegebene Übersicht zeigt, daß der Autor mit seinem Werk den gebildeten Römer über die naturwissenschaftlichen Kenntnisse seiner Zeit zusammenfassend informieren wollte. Die N.H. sollte also kein Lehrbuch sein, für das man sie leider Jahrhunderte lang gehalten hat, sondern eine Materialsammlung, nach Wissenschaften geordnet. Eine tiefere Systematik des Stoffes vermissen wir, sie lag aber wohl auch nicht in der Absicht des Autors. Plinius möchte ferner seinen Leser unterhalten und streut deshalb gerne Anekdoten und *mirabilia* in seinen Text, um eine allzu trockene Darstellung zu vermeiden. Die Fülle des Materials ist freilich manchmal so groß, daß er sich mit einer ermüdenden Aufzählung der Sachbestände begnügen muß (vor allem in den geographischen Büchern).

Die Natur – die *Mutter aller Dinge* – steht im Mittelpunkt seiner Darstellung. Er rühmt ihre Wunder, ihre Güte für Mensch und Tier und verehrt sie geradezu als Göttin, deren Macht und Erhabenheit er immer wieder preist. Er übersieht aber auch nicht ihre Schattenseiten, wenn er an die Unvollkommenheit des Daseins, an Krankheiten und Schmerzen denkt. Ein pessimistischer Grundzug ist bei Plinius oft unverkennbar. Er steht in seiner Weltanschauung der Stoa nahe, die in der Kaiserzeit für den gebildeten Römer eine Art ethischer Religion war, in der Gott und Natur eine Einheit bilden. Trotzdem fühlt sich Plinius noch dem alten Götterglauben verbunden und leugnet in keiner Weise die Bedeutung von Vorzeichen und Weissagungen.

Wir dürfen nicht vergessen, daß uns Plinius vorwiegend Buchwissen übermittelt, selbst da, wo er durch Augenschein leicht zu besserer Einsicht hätte gelangen können. Dadurch sind manche Irrtümer in die N.H. gekommen, wahrscheinlich auch durch die Schuld seiner Hilfskräfte, deren fehlerhafte Exzerpte offenbar ohne genaue Nachprüfung Aufnahme gefunden haben. Vielleicht unterblieb auch durch den frühzeitigen Tod des Autors eine nochmalige Revision des Textes. Das mit Fremdwörtern durchsetzte, oft schwer verständliche Werk mag auch den zahlreichen späteren Abschreibern Schwierigkeiten bereitet haben, woraus sich ebenfalls manche Fehler erklären lassen. Mit dem Fortschreiten der Naturwissenschaften hat man diese Mängel dem Autor oft übel angekreidet. Heute, wo wir in der N.H. kein Lehrbuch, sondern ein sehr wichtiges Quellenwerk sehen, dürfen diese Irrtümer nicht überbewertet werden. Ja, es hat sich sogar gezeigt, daß manches, was man noch vor hundert Jahren für falsch hielt, jetzt anders oder zum mindesten vorsichtiger beurteilt werden muß. Dies gilt vor allem für manche Einzelheiten im medizinischen Teil, in dem uralte Vorstellungen der Volksmedizin noch wirksam sind.

Für die Beurteilung des Stils der N.H. ist es nicht unwesentlich, daß Plinius ein rhetorisches Handbuch verfaßt hat und daher stets um die Treffsicherheit und Wirksamkeit des Ausdrucks bemüht war. Durch das ganze Werk zieht sich das Streben nach Gesuchtem und Ungewöhnlichem, nicht nur in stofflicher, sondern auch in sprachlicher Hinsicht. Äußerlich sind die Bestrebungen, die Sprache originell und effektvoll zu gestalten, an der bewußten Aufgabe jeder Konzinnität zu erkennen: Plural und Singular, Indikativ und Konjunktiv stehen nebeneinander, gleichartige Satzglieder werden absichtlich vermieden, kühne Ellipsen entspringen dem Bemühen, den Ausdruck so weit wie möglich zusammenzudrängen, um auf engem Raum viel unterzubringen. Deshalb werden Participium coniunctum und Ablativus absolutus, die es möglich machen, mitunter ganze Sätze einzusparen, besonders häufig verwendet. Die Wortstellung ist oft gekünstelt, Parenthesen und die Anwendung künstlerischer Stilmittel häufen sich. Die Tatsache, daß beinahe jeder Satz eine überraschende und geistreiche Wendung nimmt, was allerdings manchmal auf Kosten des leichten und raschen Verständnisses geht, hat die Benützung des Werkes infolge der gesuchten und eigenwilligen Sprache zu allen Zeiten erschwert und vor allem den Übersetzern mannigfache Schwierigkeiten bereitet.

Titelblatt der »Naturkunde«. Cod. lat. 245,9.3 Biblioteca Marciana, Venedig.

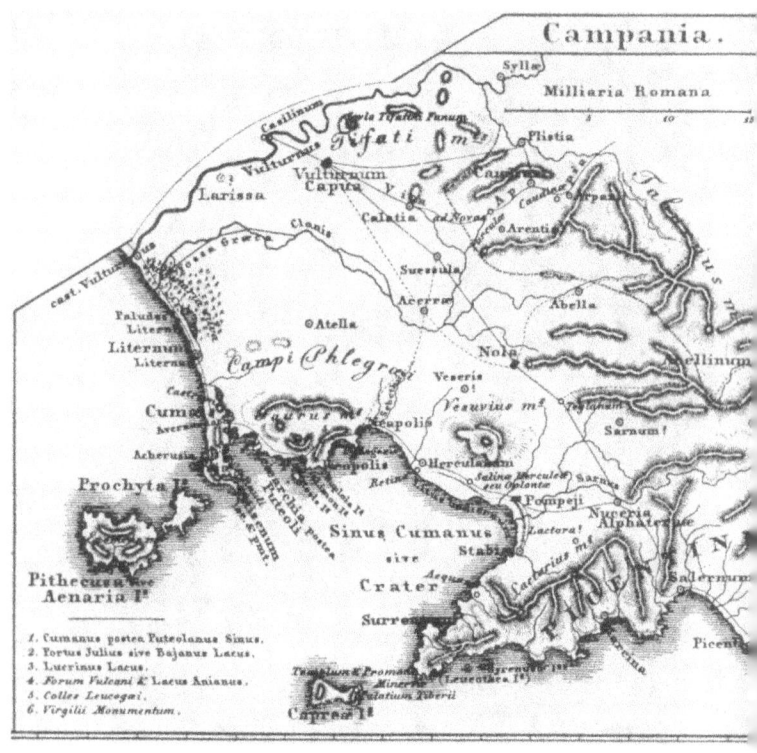

Karte von Kampanien. C. v. Spruner, Atlas Antiquus. Gotha 1855.

Tod beim Vesuvausbruch

In einem Brief an den Historiker Tacitus (epist. 6,16), der genauere Nachrichten über die Todesumstände des Älteren Plinius erbeten hatte, schilderte der Neffe den Ausbruch des Vesuv und das Ende des Oheims:

Er befand sich in Misenum und führte persönlich das Kommando über die Flotte. Am 24. August etwa um die siebente Stunde ließ meine Mutter ihm sagen, am Himmel stehe eine Wolke von ungewöhnlicher Gestalt und Größe. Er hatte sich gesonnt, dann kalt gebadet, hatte im Liegen einen Imbiß genommen und studierte jetzt. Er ließ sich seine Sandalen bringen und stieg auf eine Anhöhe, von der aus man das Naturschauspiel besonders gut beobachten konnte. Es erhob sich eine Wolke, für den Beobachter aus der Ferne unkenntlich, auf welchem Berge – später erfuhr man, es sei der Vesuv gewesen –, deren Gestalt am ehesten einer Pinie ähnelte. Denn sie stieg wie ein Riesenstamm in die Höhe und verzweigte sich dann in eine Reihe von Ästen, wohl weil ein kräftiger Luftzug sie emporwirbelte und dann nachließ, so daß sie den Auftrieb verlor oder auch vermöge ihres Eigengewichtes sich in die Breite verflüchtigte, manchmal weiß, dann wieder schmutzig und fleckig, je nachdem sie Erde oder Asche mit sich emporgerissen hatte.

Als einem Manne mit wissenschaftlichen Interessen erschien ihm die Sache bedeutsam und wert, aus größter Nähe beobachtet zu werden. Er befahl, ein Boot bereitzumachen; mir stellte er es frei, wenn ich wollte, mitzukommen; ich antwortete, ich wolle lieber bei meiner Arbeit bleiben, und zufällig hatte er mir selbst das Thema gestellt.

Beim Verlassen des Hauses erhielt er ein Billet von Rectina, der Frau des Cascus, die sich wegen der drohenden Gefahr ängstigte – ihr Besitz lag nämlich am Fuße des Vesuv, und nur zu Schiffe konnte man fliehen –; sie bat, sie aus der bedenklichen Lage zu befreien. Daraufhin änderte er seinen Entschluß und vollzog hochgemut, was er aus Wißbegier begonnen hatte. Er ließ Vierdecker zu Wasser bringen, ging selbst an Bord, um nicht nur Rectina, sondern auch vielen anderen zu Hilfe zu kommen, denn die liebliche Küste war dicht besiedelt. Er eilte dorthin, von wo andere flohen, und hielt geradewegs auf die Gefahr zu, so gänzlich unbeschwert von Furcht, daß er alle Phasen, alle Gebilde des Unheils, wie er sie mit den Augen wahrnahm, seinem Sekretär in die Feder diktierte.

Schon fiel Asche auf die Schiffe, immer heißer und dichter, je näher sie herankamen, bald auch Bimsstein und schwarze, halbverkohlte, vom Feuer geborstene Steine, schon trat das Meer plötzlich zurück, und das Ufer wurde durch Felsbrocken vom Berge her unpassierbar. Einen Augenblick war er unschlüssig, ob er nicht umkehren solle, dann rief er dem Steuermann, der dazu riet, zu: ›Dem Mutigen hilft das Glück, halt auf Pomponianus zu!‹ Dieser befand sich in Stabiae, am anderen Ende des Golfs – das Meer drängt sich hier in sanft gekrümmten Bogen ins Land –; dort hatte er, obwohl noch keine unmittelbare Gefahr bestand, aber doch sichtbar drohte und, wenn sie wuchs, in nächster Nähe war, sein Gepäck auf die Schiffe verladen lassen, entschlossen zu fliehen, wenn der Gegenwind sich legte. Dorthin fuhr jetzt mein Oheim mit dem für ihn günstigen Winde, schloß den Verängstigten in die Arme, tröstete ihn, redete ihm gut zu, und um seine Angst durch seine eigene Ruhe zu beschwichtigen, ließ er sich ins Bad tragen. Nach dem Bade ging er zu Tische und speiste seelenruhig oder – was nicht weniger großartig ist – anscheinend seelenruhig.

Inzwischen leuchteten vom Vesuv her an mehreren Stellen weite Flammenherde und hohe Feuersäulen auf, deren strahlende Helle durch die dunkle Nacht noch gehoben wurde. Um das Grauen der andern zu beschwichtigen,

Der Vesuv-Ausbruch im Jahre 1767 nach einem zeitgenössischen Stich.

erklärte mein Oheim, Bauern hätten in der Aufregung die Herdfeuer brennen lassen, und nun ständen ihre verlassenen Hütten unbehütet in Flammen. Dann begab er sich zur Ruhe und schlief tatsächlich ganz fest, denn seine wegen seiner Leibesfülle ziemlich tiefen, lauten Atemzüge waren vernehmlich, wenn jemand an seiner Tür vorbeiging. Aber der Boden des Vorplatzes, von dem aus man das Zimmer betrat, hatte sich, von einem Gemisch aus Asche und Bimsstein bedeckt, schon so weit gehoben, daß man, blieb man noch länger in dem Gemach, nicht mehr hätte herauskommen können. So weckte man ihn denn; er trat heraus und gesellte sich wieder zu Pomponianus und den übrigen, die die Nacht durchgewacht hatten. Gemeinschaftlich berieten sie, ob sie im Hause bleiben oder sich ins Freie begeben sollten, denn infolge häufiger, starker Erdstöße wankten die Gebäude und schienen, gleichsam aus ihren Fundamenten gelöst, hin- und herzuschwanken. Im Freien wiederum war das Niedergehen allerdings nur leichter, ausgeglühter Bimssteinstückchen bedenklich, doch entschied man sich beim Vergleich der beiden Gefahren für das letztere, und zwar trug bei ihm eine vernünftige Überlegung über die andere, bei den übrigen eine Befürchtung über die andere den Sieg davon. Sie stülpten sich Kissen über den Kopf und verschnürten sie mit Tüchern; das bot Schutz gegen den Steinschlag.

Schon war es anderswo Tag, dort aber Nacht, schwärzer und dichter als alle Nächte sonst, doch milderten die vielen Fackeln und mancherlei Lichter die Finsternis. Man beschloß, an den Strand zu gehen und sich aus der Nähe zu überzeugen, ob das Meer schon gestatte, etwas zu unternehmen; aber es blieb immer noch rauh und feindlich. Dort legte sich mein Oheim auf eine hingebreitete Decke, verlangte hin und wieder einen Schluck kalten Wassers

Der Vesuv-Ausbruch im Jahre 1767 nach einer Farbradierung von Medardus Thoenert.

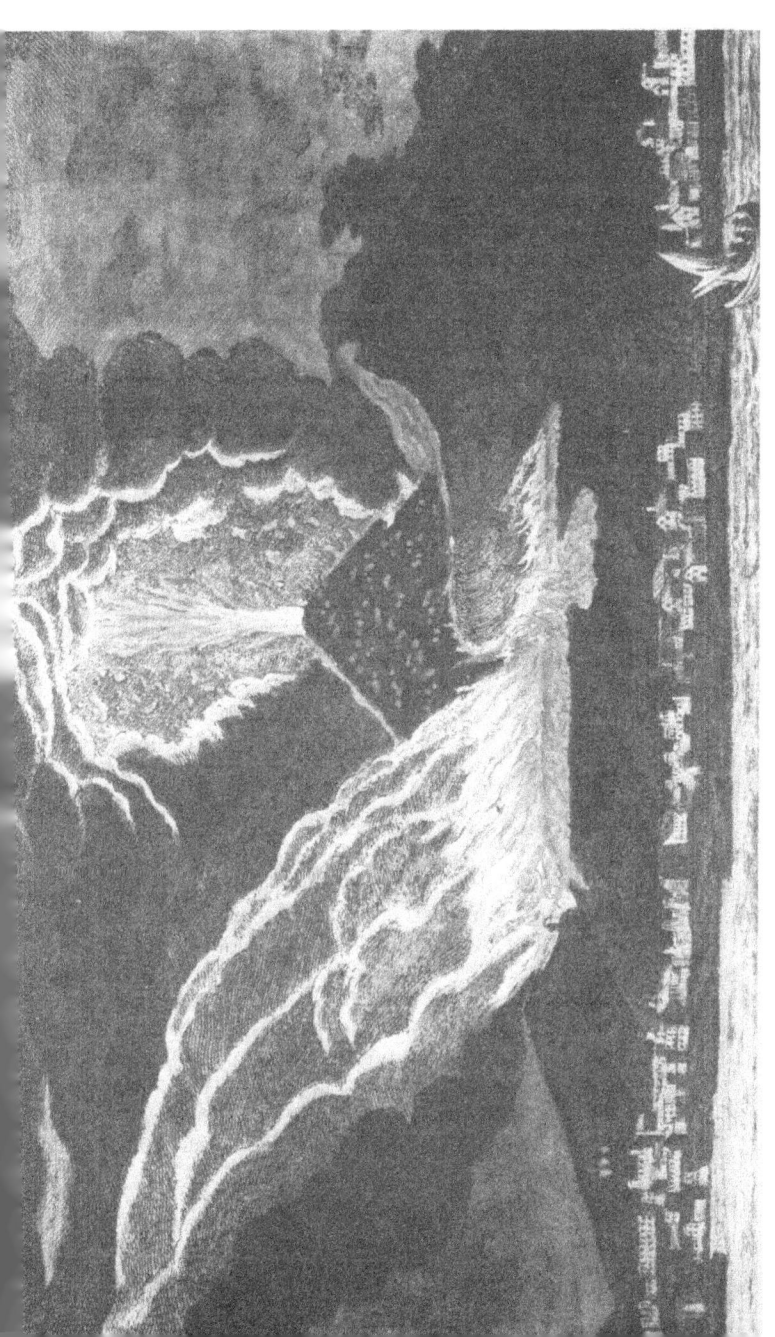

und nahm ihn zu sich. Dann jagten Flammen und als ihr Vorbote Schwefelgeruch die andern in die Flucht, schreckten ihn auf. Auf zwei Sklaven gestützt, erhob er sich und brach gleich tot zusammen, vermutlich, weil ihm der dichte Qualm den Atem benahm und den Schlund verschloß, der bei ihm von Natur schwach, eng und häufig entzündet war. Sobald es wieder hell wurde – es war der dritte Tag von dem an gerechnet, den er als letzten erlebt hatte – fand man seinen Leichnam unberührt und unverletzt, zugedeckt, in den Kleidern, die er zuletzt getragen hatte, in seiner äußeren Erscheinung eher einem Schlafenden als einem Toten ähnlich...«

Soweit der Bericht des Jüngeren Plinius, der im folgenden kurz zusammengefaßt und erläutert sei:

Nachdem der Ältere Plinius zu Mittag des 24. August von seiner Schwester auf die seltsame pinienförmige Wolke im Osten aufmerksam gemacht worden war, beschloß er voll Forscherdrang, die bedeutsame Erscheinung aus der Nähe zu untersuchen. Er ließ ein leichtes Fahrzeug seeklar machen und lud den Neffen zur Mitfahrt ein. Dieser zog es jedoch vor, in Misenum bei der Mutter zu bleiben und die vom Oheim aufgetragene Schreibarbeit fortzusetzen.

Als Plinius gerade absegeln wollte, brachte ihm ein Bote einen Brief von Rectina, der Gattin des ehemaligen Konsuls Cn. Pedius Cascus. Sie bat um Rettung, weil sie in ihrem Landgut am Fuße des Vesuv beim heutigen Torre Annunziata in der Nähe von Herculaneum von jeglichem Ausweg abgeschlossen war.

Sofort änderte Plinius seinen Entschluß und befahl die schweren Vierruderer zu Wasser zu bringen, um den zahlreichen Bewohnern des dicht bevölkerten Strandes Hilfe zu bringen. Er selbst ging mit an Bord und diktierte beim Näherkommen seine Beobachtungen über den Verlauf der Ereignisse. Mittlerweile war klar geworden, daß der Ausgangspunkt der Katastrophe der Vesuv war, den Plinius

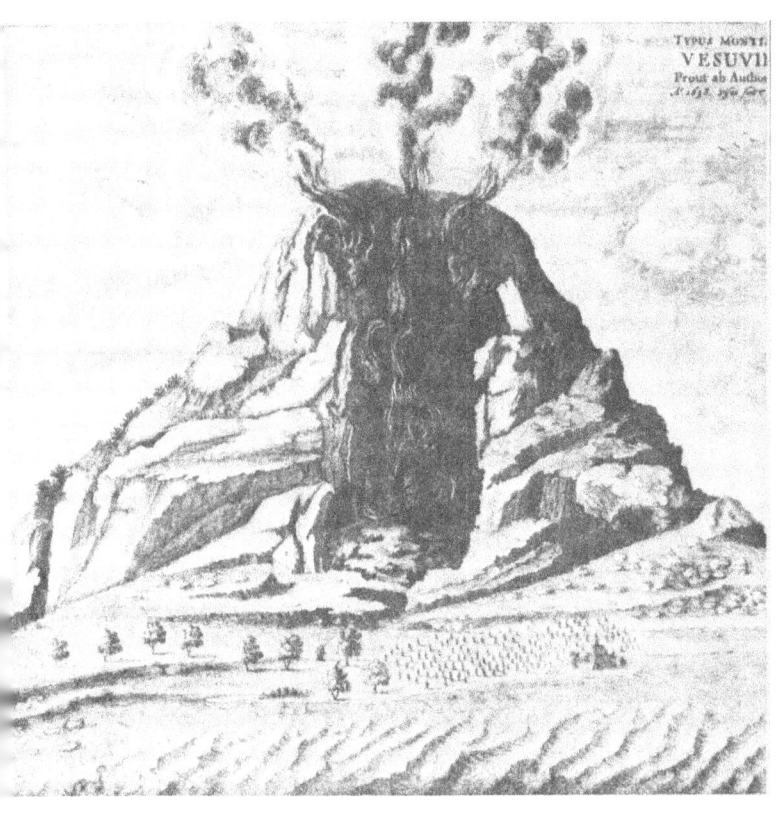

Das Innere des Vesuv. Kupferstich zu Athanasius Kirchner, Mundus Subterraneus 1665.

in der N.H. nur dreimal kurz erwähnt hatte (N.H. 3,62; 14,22; 14,34).

Schon fielen Asche, Bimssteine und schwarze, halbverbrannte Steine auf die Schiffe, die starke Brandung machte eine Landung am vorgesehen Punkt unmöglich. Plinius befahl daher, Stabiae an der gegenüberliegenden Seite des Golfes anzulaufen. Dort hatte einer seiner Freunde namens Pomponianus ein Landgut. Nach glücklicher Landung legte sich Plinius, der sich unerschütterlich gab, zur Ruhe, obwohl die fallende Asche schon hoch den Boden bedeckte und heftige Erdstöße alle Gebäude zum Schwanken brachten.

Als die Lage immer bedrohlicher wurde, beschloß man, sich an den offenen Strand zu begeben. Dort brach Plinius in den Morgenstunden des 25. August tot zusammen. Als Todesursache ist Herzschlag infolge Herzverkalkung anzunehmen, da der starke Asthmatiker den Anstrengungen und Aufregungen in Zusammenhang mit der Katastrophe physisch nicht mehr gewachsen war.

Die Angabe des Historikers Sueton, der eine kurze Lebensbeschreibung des Älteren Pinius verfaßte, er habe sich von einem Sklaven töten lassen, dürfte kaum zutreffen.

»Plinius Secundus aus Novum Comum verwaltete, nachdem er die ritterlichen Militärämter erfolgreich bekleidet hatte, auch die bedeutendsten Verwaltungsstellen in ununterbrochener Folge mit größter Korrektheit. Dennoch verwandte er solche Mühe auf die wissenschaftlichen Studien, daß nicht leicht jemand in seiner Freizeit mehr geschrieben hat. So faßte er alle Kriege, die jemals mit den Germanen geführt worden sind, in 20 Bänden zusammen; ebenso vollendete er die 37 Bücher der ›Naturkunde‹. Er fand bei einer Katastrophe in Kampanien den Tod; denn als er, damals Kommandant der Flotte in Mi-

Der Vesuv-Ausbruch im Jahre 1631. Kupferstich von Joachim Sandrart aus Theatrum Europaeum. Frankfurt/Main 1646.

senum, bei einem Ausbruch des Vesuv zur Erkundung der Ursachen mit einem Boot näher hingefahren war und wegen der widrigen Winde nicht mehr zurück konnte, wurde er von der Menge Staub und Asche erdrückt, oder, wie manche annehmen, von seinem Sklaven getötet, den er um Beschleunigung seines Todes gebeten hatte, da er die Hitze nicht mehr aushielt.«

Initiale (138) aus Cod. Plut. 82, 2. Biblioteca Laurenziana, Florenz.

Die »Naturkunde« im Wandel der Jahrhunderte

Solch ein Werk wie die N.H. des Plinius lag dem praktischen Sinn der Römer besonders. Hier war das Wissen über einen bestimmten Gegenstand weit gefächert ausgebreitet und jeder konnte sich daraus entnehmen, was er gerade brauchte. Dieser Umstand erklärt die Beliebtheit und die große Verbreitung des Werkes über Altertum und Mittelalter bis in die Neuzeit.

Wenn auch Johann Gottfried Herder feststellt, daß *»ein Aristoteles aus der den Römern bekannten Welt anders als Plinius gesammelt«* hätte, so ist *»sein Buch ein Schatz, der, bei aller Unkenntnis in einzelnen Fächern, sowohl den Fleiß als die römische Seele seines Sammlers zeigt.«*

Zur Überlieferungsgeschichte, bei der noch viele Fragen offen sind, sei nur soviel gesagt, daß man zwei Gruppen von Handschriften – »ältere« und »jüngere« – unterscheidet. Die erste Gruppe, teilweise noch ins 5./6. Jhdt. zurückgehend, ist nur bruchstückhaft überliefert. Vollständige Handschriften gibt es erst seit dem 11. Jhdt.

Von den bisher nachgewiesenen rund 200 Handschriften und Fragmenten, sind nur wenige eingehend kollationiert, so daß sich noch kein allgemeingültiger »Stammbaum« aufstellen ließ. Fast alle Handschriften, von denen einige mit prächtigem Buchschmuck versehen sind, wurden von ihren Benutzern stark durchkorrigiert und bilden daher eine doppelte Überlieferung. Die vordringlichste Aufgabe der zu erfolgenden Textkollationen wäre es daher, die einzelnen Hände sauber voneinander zu trennen.

Der große Umfang und die Vielfalt des Inhaltes bewirkten, daß neben den zahlreichen Abschriften schon früh aus einzelnen Abschnitten Auszüge gemacht wurden. Von den uns erhaltenen römischen Schriftstellern war A. Gellius im 2. Jhdt. der erste, der an mehreren Stellen seiner »*Attischen Nächte*« solche Auszüge brachte. Auch Apuleius aus Madaura und der afrikanische Kirchenvater Tertullian kannten die N.H. und haben sie gelegentlich zitiert. Die botanisch-medizinischen Bücher wurden im 3. Jhdt. von Gargilius Martialis benützt.

Etwa gleichzeitig entstand die sog. »*Medicina Plinii*«, in der ein Unbekannter ein nach Krankheiten nach dem Prinzip »*von Kopf bis Fuß*« geordnetes Exzerpt in 3 Büchern aus allen medizinischen Büchern der N.H. zusammenstellte. Dieses einfach angelegte Handbuch, von dem 13 Handschriften erhalten sind, war in erster Linie als Hilfsbuch für Laien bei der Selbstbehandlung gedacht und erfreute sich großer Beliebtheit, wie die zahlreichen Druckausgaben (Erstdruck 1509 bei Stephanus Guilliretus in Rom) und die verschiedenen Bearbeitungen und Erweiterungen zeigen.

Davon zu trennen ist eine spätere Kompilation des 6. Jhdts. in 5 Büchern, die sog. »*Physica Plinii*«, als deren Verfasser vollkommen grundlos ein Plinius Valerianus angegeben wurde.

Die ursprüngliche Fassung in 3 Büchern wurde von Marcellus Empiricus, Q. Serenus Sammonicus und dem sog. Gerbarius Apulei Platonici eifrig benutzt und ausgeschrieben, wobei aber gleichzeitig die vollständige N.H. eingesehen und verglichen wurde. Die Bedeutung dieser Exzerpte und Kompilationen für die Textgestaltung der N.H. wurde noch nicht erschlossen.

Ebenfalls schon im 3. Jhdt. stellte C. Iulius Solinus seine »*Sammlung von Merkwürdigkeiten*« hauptsächlich aus Exzerpten der N.H. zusammen. Im 4. Jhdt. hat der Historiker Ammianus Marcellinus die N.H. selbst eingesehen, und der römische Stadtpräfekt Symmachus sandte ein vollständiges Exemplar an den ihm bekannten Dichter Ausonius nach Burdigalum (Bordeaux).

Der Einfluß der N.H. auf die spätrömischen Enzyklopädisten war beträchtlich. Während Macrobius in seinen

Titelblatt der Inkunabel Venedig 1469, gedruckt von Giovanni de Spira. Inc. 670 Biblioteca Classica, Ravenna.

»*Saturnalien*« Plinius nur durch fremde Vermittlung gekannt haben dürfte, hat ihn Martianus Capella direkt ausgebeutet. Auch der Heilige Augustinus und Isidor aus Sevilla schöpften aus der Quelle des vollständigen Werkes. Der Heilige Hieronymus, der allerdings einmal in seiner Chronik den älteren mit dem jüngeren Plinius verwechselte, hat das Werk nachweislich gelesen. Selbst spätantike Autoren wie Sidonius Apollinaris und Johannes Lydos erwähnten Plinius und seine N.H. in ihren Schriften noch anerkennend.

Auch im Mittelalter lassen sich die Spuren der Benutzung der N.H. deutlich verfolgen. So war im 8. Jhdt. Beda Venerabilis im Besitze einer vortrefflichen Plinius-Handschrift, die er häufig zu Rate gezogen hat. Er regte auch die Abfassung eines astronomisch-komputistischen Sammelwerkes mit ausführlichen Auszügen aus Plinius an. Alkuin veranlaßte die systematische Suche nach Handschriften der N.H. und teilte in seinem Gedicht »*Die Bischöfe und Heiligen der Kirche von York*« den Katalog der dortigen Bibliothek mit, in der sich ein Exemplar befand. Im 9. Jhdt. exzerpierte Dicuil den Plinius für seine »*Vermessung des Erdkreises*« und der Geistliche Robert von Cricklade stellte für König Heinrich II. (1154–1189) von England einen umfangreichen Auszug aus der N.H. her, den er »*Blütenlese*« nannte.

Alexander von Humboldt sieht in der N.H. des Plinius das größte römische Denkmal, »*welches der Literatur des Mittelalters vererbt*« und im »*echten Geist einer Weltbeschreibung abgefaßt*« wurde.

Im 14. Jhdt. bildete der Steinkatalog im Gedicht des Archidiakons Meliteniotes »*Auf die Enthaltsamkeit*« eine verkürzte, dem griechischen Alphabet angepaßte Übertragung des ebenfalls alphabetisch geordneten ähnlichen Katalogs im 37. Buche des Plinius.

Bemerkenswert ist die Tatsache, daß die italienischen Humanisten Francesco Petrarca und Giovanni Boccaccio

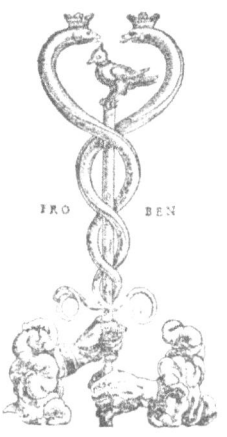

Titelblatt der »Naturkunde« von Hieronymus Froben, Basel 1539.

sich eingehend mit der N.H. des Plinius befaßt haben. Eine Handschrift aus dem 13. Jhdt. (Cod. Paris. 6802) aus dem Besitz Petrarcas (lt. Eintragung am 6. Juli 1350 in Mantua gekauft) enthält neben zahlreichen Glossen Petrarcas zwei von der Hand Boccaccios, der u. a. im Anschluß an N.H. 19,105 die weithin berühmten Zwiebeln seiner Heimatstadt Certalda rühmt. Auch Christoph Columbus hat nachweisbar die N.H. gekannt und benützt. Cosimo de Medici ließ nach verschiedenen Dokumenten ein komplettes Exemplar der N.H. aus dem Dominikanerkloster in Lübeck für seine Bibliothek erwerben und von italienischen Buchmalern prächtig ausgestalten (Cod. Laur. 82,1–2).

Auch nach der Erfindung des Buchdrucks hält das Interesse an der N.H. unvermindert an, das Werk konnte als wichtige Quelle naturwissenschaftlicher Belehrung lange seinen Rang behaupten. Schon 1469 erschien in Venedig bei Johannes de Spira die erste Druckausgabe, der sich bis 1500 noch weitere 15 Inkunabelausgaben mit rund 3000 Exemplaren anschlossen. Bis 1799 erschienen nicht weniger als 222 komplette Ausgaben, so daß in diesem Zeitraum von 330 Jahren auf jedes Jahrzehnt im Durchschnitt mindestens sechs Plinius-Ausgaben kommen. Nicht eingerechnet sind hierbei die zahlreichen Auswahlausgaben und Teileditionen einzelner Bücher.

Die ersten Textausgaben bemühten sich nicht so sehr um die Festlegung der Überlieferungsgeschichte und die Emendation des oft stark verwirrten und gestörten Textes, sondern legten mehr Wert auf den Kommentar der beschriebenen Sachverhalte. Erasmus von Rotterdam, der eine eigene Ausgabe der N.H. veranstaltete, verwendete zahlreiche Zitate aus Plinius für eine Würdigung Albrecht Dürers, den er dem griechischen Maler Apelles an die Seite stellte.

Als erster erschütterte Hermolaus Barbarus die Autorität des Plinius, indem er ihm zahlreiche Fehler nachwies und verbesserte. Die Folge war, daß sich durch Conrad Gesner die Naturwissenschaft ganz von der plinianischen Basis löste und sich Aristoteles und Theophrastos als älteren und direkteren Autoritäten zuwandte.

Trotzdem konnte die N.H. ihre alte Bedeutung vor allem als Lehrbuch bewahren. Die englische Übersetzung von Philemon Holland (1601) zeigte großen Einfluß auf die Geistesgeschichte der Englisch sprechenden Länder und wirkte bis in die Übernahme gewisser Motive auch auf die Dichtung ein. In Frankreich beeinflußte die gewaltige, von ungeheurem Fleiß zeugende kommentierte Ausgabe des Jesuiten I. Hardouin (1. Aufl. 1685 ad usum delphini; 2. Aufl. 1723; 3. Aufl. 1741) Jahrzehnte hindurch den Bildungsgang der studierenden Jugend.

Erst im 19. Jhdt. verminderte sich die Zahl der Ausgaben immer mehr je näher wir der Gegenwart kommen. Im selben Maße, wie sich die moderne Naturwissenschaft, für welche die direkte Beobachtung und Anschauung, systematische Sichtung, Einordnung und Deutung der Ergebnisse Grundlagen der Arbeit sind, immer mächtiger entfaltete, mußte das Interesse am Werk des Plinius, der nur wenige Erscheinungen durch Augenschein kennengelernt hatte und zum größten Teil nur die Berichte Fremder wiedergab, geringer werden.

Um so größer wurde das Interesse der klassischen Philologen an Plinius, der als »*unstreitig schwierigster lateinischer Autor*« bezeichnet wurde. Als erster hat sich D. Detlefsen um eine Rezension des Textes und die Darlegung der Überlieferungsgeschichte bemüht, während die älteren Herausgeber wie J. Sillig und L. v. Jan, die zwar ein reiches Material zusammengetragen hatten, bei der Auswahl der Handschriften ziemlich willkürlich vorgegangen sind. Unbestrittene Verdienste erwarb sich C. Mayhoff durch die sorgfältige Vergleichung fast aller bekannter Handschriften. Seine Ausgabe, die jetzt wieder im Nachdruck vorliegt, bietet einen umfangreichen kritischen Apparat und muß als grundlegend betrachtet werden, zumal in absehbarer Zeit keine Neuausgabe des lateinischen Textes zu erwarten ist.

Von den im vorigen Jahrhundert herausgegebenen deutschen Übersetzungen sei zuerst die seit 1840 in Stuttgart erschienene Ausgabe von Ph. H. Külb, Stadtbibliothekar zu Mainz, erwähnt. Eine für die damalige Zeit hervorragende Leistung, nicht zuletzt auch wegen des gründlichen Kommentars, heute aber weitgehend veraltet. Nur einige Jahre später erschien ab 1854 in Bremen eine weitere Übersetzung von Chr. F. L. Strack (Nachdruck 1968), ebenfalls eine beachtenswerte Arbeit, jedoch ohne Erläuterungen und zum Teil in einer altertümlichen, heute ungenießbaren Sprache abgefaßt. Die letzte Gesamtübersetzung für das deutsche Sprachgebiet stammt von C. G. Wittstein, Leipzig 1881 f. Diese nur teilweise ausführlicher kommentierte Ausgabe mit mehreren Registern im Anhang ist zwar in einem gut lesbaren Deutsch abgefaßt, aber sehr frei, zuweilen sogar falsch übersetzt, und muß deshalb heute ebenfalls als überholt angesehen werden.

Erst in jüngster Zeit hat das Interesse an der N.H. wieder stark zugenommen. Aus dem »*Studierlampenbuch*«, wie noch Th. Mommsen etwas abschätzig die N.H. bezeichnet hatte, ist eine bedeutsame kultur- und wissenschaftsgeschichtliche Dokumentation geworden, die in ähnlicher Breite und Stoffülle im antiken Schrifttum ihresgleichen sucht. Ganz richtig schrieb schon A. v. Humboldt im 2. Band seines »*Kosmos*« (1847): »*... im ganzen Altertum ist nichts Ähnliches versucht worden ... und wenn das Werk auch während seiner Ausführung in eine Art von Enzyklopädie der Natur und Kunst ausartete ... so ist doch nicht zu leugnen, daß trotz des Mangels eines inneren Zusammenhanges der Teile das Ganze den Entwurf einer physischen Weltbeschreibung darbietet.*« Ein Urteil, dem F. Dannemann (1921) noch hinzufügt: »*... daß*

Plinius für seine Zeit das versucht hat, was v. Humboldt im ›Kosmos‹ für die Neuzeit anstrebte.‹

Wäre auch dieses Werk durch die Ungunst der Zeiten verloren gegangen, dann wäre unsere Kenntnis antiker Wissenschaft und Kunst wesentlich geringer und lückenhafter. So hat Plinius, trotz manch berechtigter Kritik, seinen festen Platz in der Geschichte der Naturforschung.

Die Wandlung, die sich in unserer Zeit bei der Beurteilung des Plinius vollzogen hat, wird durch zweisprachige Ausgaben im englischen und französischen Sprachbereich deutlich. In der »*Loeb Classical Library*« wurde von H. Rackham u. a. seit 1938 eine lateinisch-englische Ausgabe veröffentlicht. Die Erläuterungen dieser schönen zehnbändigen Edition sind allerdings sehr knapp gehalten. Ganz anders ist dies bei der lateinisch-französischen Ausgabe von J. Beaujeu, A. Ernout u. a., die seit 1950 in Paris bei »*Les Belles Lettres*« erscheint, aber noch nicht abgeschlossen ist. Hier wird jedem Buch der N.H. ein eigener Band gewidmet. Ein ausführlicher Kommentar im Anhang bringt die zum Verständnis notwendigen Erklärungen. Der Textkritik ist in den Fußnoten dieser wertvollen Edition ein breiter Raum gegeben.

Die seit 1973 in der Tusculum-Reihe des Heimeran-Verlages erscheinende lateinisch-deutsche Ausgabe will im deutschen Sprachraum eine seit langem bestehende Lücke schließen. Auch sie widmet jedem Buch der N.H. einen besonderen Band; nur in den Fällen, in denen inhaltlich zusammenhängende Bücher aufeinander folgen, werden Doppelbände veröffentlicht.

Grundlage des lateinischen Textes bildet die bei Teubner in Leipzig erschienene Ausgabe von Jan-Mayhoff aus dem Jahre 1906 (Nachdruck Stuttgart 1967ff.). Zum Vergleich wurden ferner die Textausgabe von D. Detlefsen, Berlin 1866ff., sowie die erwähnten englischen und französischen Ausgaben herangezogen. In einer besonderen Tabelle sind in jedem Band die verschiedenen Lesarten übersichtlich zusammengestellt. Harald Fuchs, Basel, hat dankenswerter Weise den gesamten Text einer Revision unterzogen. Seine »*Vorschläge zur Textgestaltung*« finden sich in einem eigenen Abschnitt. Damit glauben die Herausgeber das im Augenblick Mögliche getan zu haben.

Zur Übersetzung selbst sei nur soviel gesagt, daß das Bemühen im Vordergrund stand, in weitgehender Anlehnung an den lateinischen Text die Gedankengänge des Autors möglichst genau wiederzugeben, dabei aber lesbar zu bleiben. Gerade bei einem so schwierigen naturwissenschaftlichem Text, wie ihn Plinius bietet, kann eine allzu »*freie*« Übersetzung leicht zu Mißverständnissen führen. Die Herausgeber sind sich der Problematik ihrer Arbeit durchaus bewußt. Eine Gegenüberstellung von lateinischem Text und Übersetzung ist unerläßlich, um dem Leser jederzeit Vergleichsmöglichkeiten zu bieten.

Ganz besonderer Wert wurde auf die Erläuterungen gelegt, deren Umfang beträchtlich ist. Die philologischen Angaben über die von Plinius benutzten Quellen werden zuerst gebracht. Parallelstellen bei anderen Autoren werden ebenso erwähnt wie Zitate aus den Werken späterer Schriftsteller, die Plinius nachweislich exzerpiert haben. Besonders wichtige Stellen werden zusätzlich im Original und in Übersetzung geboten. Der umfangreiche Apparat der oben erwähnten Ausgabe von Jan-Mayhoff hat sich hierbei als sehr nützlich erwiesen.

Es erschien aber unerläßlich, den naturwissenschaftlichen Erläuterungen besonderen Raum zu geben, da sie mindestens ebenso wichtig sind wie die philologischen Gegebenheiten. Leider sind die Angaben bei Plinius oft sehr ungenau, so daß es Schwierigkeiten bietet, für Pflanzen, Tiere, Steine usw. die heute gültige wissenschaftliche Nomenklatur zu geben. Manches bleibt hier noch für die Zu-

Titelblatt des 1. Bandes der dreibändigen Druckausgabe von Hack, Leyden-Rotterdam 1669.

C. PLINII SECUNDI
NATURALIS
HISTORIÆ.
Cum selectis doctorum Virorum
Commentariis.
TOM. I.

LUGD. BATAV. et ROTEROD. Ex Officina HACKIANA 1669.
G. Wingendorp sculp.

kunft zu tun, manche Fragen werden aber wohl für immer unlösbar sein. Dies gilt auch vor allem für den geographischen Teil, der öfters Namen bringt, die von keinem anderen antiken Schriftsteller erwähnt werden.

Ein sehr wesentliches Anliegen der Herausgeber aber ist es, neben der Definition des von Plinius Dargebotenen eine Beziehung zur Gegenwart herzustellen. Dies mag an einem Beispiel erläutert werden: wenn Plinius die Heilwirkung einer Pflanze beschreibt, so ist zu untersuchen, ob diese Aussage noch Gültigkeit besitzt, und wenn ja, welche Wirkstoffe der Pflanze in Betracht kommen.

Auch auf anderen Gebieten, z. B. bei der Erklärung astronomischer Begriffe, bei der Gewinnung von Metallen, Pigmenten usw., soll durch entsprechende Hinweise die Aktualität der N.H. herausgestellt werden. Dabei müssen natürlich auch die neuesten Publikationen Berücksichtigung finden. Die Forschungsberichte im »*Anzeiger für die Altertumswissenschaft*« (R. Hanslik, F. Römer), sowie aus »*Lustrum*« (K. Sallmann) erweisen ich als wertvolle Hilfe, nicht zuletzt auch die ausführliche Bibliographie von H. Le Bonniec. Daß darüber hinaus noch zahlreiche Spezialwerke der verschiedenen wissenschaftlichen Disziplinen eingesehen werden müssen, mag nur am Rande vermerkt sein. Die »*Literaturhinweise*« – alphabetisch nach Autoren geordnet – werden in einem gesonderten Verzeichnis gegeben, ebenso Quellenschriftsteller.

Die Register werden ebenfalls sorgfältig erstellt. Es hat sich zweckmäßig erwiesen, eine Dreiteilung vorzunehmen: Namenregister, Geographisches Register und Sachregister. Zur Erzielung einer besseren Übersicht werden in den einzelnen Bänden noch tabellarische Zusammenstellungen gegeben; z. B. in den botanischen Bänden ein Verzeichnis der Pflanzen nach der modernen Nomenklatur und nach der plinianischen Schreibweise oder in den Bänden über Mineralogie ein Verzeichnis der Künstler mit Literaturangaben in den betreffenden Standardwerken.

Weitere Tabellen (z. B. Preisangaben, Maße und Gewichte usw.) sollen dazu beitragen, das reiche Material dem Leser von heute zu erschließen. Erfreulicherweise haben sich auch mehrere Fachgelehrte bereiterklärt, für einzelne Bände einen Beitrag zu liefern.

Bis Herbst 1979 liegen vor:

Band 1: Biographisches, Fragmente; Vorrede, Inhaltsverzeichnis der Gesamtausgabe.
   420 Seiten. 1973. Ln. DM 35.– ISBN 3 7765 2133 3
Band 2: Kosmologie.
   304 Seiten. 1974. Ln. DM 28.– ISBN 3 7765 2134 1
Band 7: Anthropologie.
   312 Seiten. 1975. Ln. DM 42.– ISBN 3 7765 2139 2
Band 8: Zoologie/ Landtiere.
   312 Seiten. 1975. Ln. DM 42.– ISBN 3 7765 2140 6
Band 9: Zoologie/Wassertiere.
   256 Seiten. 1979. Ln. DM 42.– ISBN 3 7765 2141 4
Band 12/13: Botanik: Exotische Bäume.
   376 Seiten. 1977. Ln. DM 42.– ISBN 3 7765 2144 9
Band 20: Medizin und Pharmakologie: Heilmittel aus den Gartengewächsen.
   363 Seiten. 1979. Ln. DM 42.– ISBN 3 7765 2152-x
Band 35: Plastik – Malerei – Farben.
   360 Seiten. 1978. Ln. DM 48.– ISBN 3 7765 2167 8

Es ist geplant, jährlich 2–3 Bände herauszubringen. Die naheliegende Frage, warum die Bände nicht in der Reihenfolge der Zahlen erscheinen, sei dahingehend beantwortet, schon jetzt dem Leser ein möglichst umfassendes Bild über das Gesamtwerk zu vermitteln. Nach dem Vorwort- und Indexband erschienen die Kosmologie und Anthropologie, gefolgt von den ersten Bänden über Zoologie und Botanik, Kunstgeschichte und Medizin. Die Anschlußbände kommen dann in ähnlicher Reihenfolge.

Verlag und Herausgeber hoffen, mit dieser Neuausgabe der N.H. dem Werk des Plinius wieder jenen Platz einzuräumen, den es als wertvolles Dokument der Geschichte der Naturwissenschaften und Künste ohne Zweifel verdient. Darüber hinaus soll aber auch die Forschung angeregt werden, die mannigfachen noch ungelösten Fragen, die der schwierige Text und seine Interpretation bieten, näher zu untersuchen. Dabei wird es sich zeigen, daß die N.H. noch viele ungehobene Schätze birgt. So ist es wohl nicht verfehlt, der Gegenwart dieses Monumentalwerk antiken Sammeleifers wieder erneut ins Bewußtsein zu rufen.

Der Vesuvausbruch des Jahres 79 n. Chr.
in der antiken Überlieferung

Der etwa 1100 m hohe Vesuv galt in römischer Zeit als erloschener Vulkan, an dessen Hängen intensiver Weinbau betrieben wurde (N.H. 14,22.34; vgl. dazu Columella, de re rust. 3,2,10). In der Kriegsgeschichte der römischen Republik spielte der Berg eine gewisse Rolle: An seinem Fuße fand im Jahre 340 v. Chr. jene denkwürdige Schlacht am Bache Veseris statt, in der der ältere P. Decius Mus den Opfertod suchte (Livius 8,8,19), und an den Hängen des Berges sammelte der Sklavenführer Spartacus im Jahre 73 v. Chr. seine Anhänger, um dann den Prätor C. Claudius Glaber vernichtend zu schlagen (Plutarch, Crassus 9,2; Frontin, Strateg. 1,5,21; Florus, Epit. 2,8,4 u. a.).

Der ehemals vulkanische Charakter des Berges war aber in der Antike durchaus bekannt. Der griechische Historiker Diodor (1. Jhdt. v. Chr.) erzählt (4,21), die kampanische Ebene heiße »die ›Flammende‹ (Phlegraia) nach dem Berge, der jetzt Vesuvius genannt wird und der einst große Ströme von Feuer ausgeworfen hat...; noch jetzt bewahrt er viele Spuren davon, daß in alten Zeiten der Boden verbrannt wurde«. Der römische Architekt Vitruv (1. Jhdt. v. Chr.) berichtet (de arch. 2,6,2) in lakonischer Kürze: »Ebenso wird auch erzählt, daß in alter Zeit Feuerbrände unter dem Vesuv entstanden und im Übermaß vorhanden waren und von dort rings über das Land Feuer ausgespien haben«. Etwas ausführlicher beschreibt der Geograph Strabo (Geogr. 5,4,247), ein Zeitgenosse des Augustus, die öde Gipfelregion des Vulkans und führt die hohe Fruchtbarkeit an seinen Hängen richtig auf die lockere Lavaerde zurück: »Über den Städten Pompeji und Herculaneum liegt der Vesuv, ringsum herrlich bebaut, mit Ausnahme des Gipfels. Dieser ist zwar zum größten

Teil eben, aber vollkommen unfruchtbar, er wirkt wie ein Aschenfeld und zeigt schlundartige Höhlungen von rußfarbenen Steinen, als ob sie vom Feuer ausgefressen wären. So ist wohl der Schluß gestattet, der Berg habe früher gebrannt und tätige Krater gehabt, sei aber erloschen, als das brennbare Material erschöpft war. Vielleicht ist dies auch die Ursache für die Fruchtbarkeit der Gegend...«.

Die Bevölkerung rund um den Golf von Neapel war sich auch des vulkanischen Charakters der Gegend durchaus bewußt, wurde doch die dem Vesuv benachbarte Region immer wieder durch Erdstöße und kleinere Beben, die aber nur geringfügigen Schaden anrichteten, in Unruhe versetzt.

Im Februar 62 n. Chr. allerdings ereignete sich ein stärkeres Erdbeben, das die Städte Herculaneum und Pompeji stark in Mitleidenschaft zog und auch in etwas weiter vom Vesuv entfernten Orten deutlich zu verspüren war. Die Zeitgenossen waren von den Ereignissen unterschiedlich beeindruckt. Während Plinius im Abschnitt über das Erdbeben (N.H. 2,191–206) überhaupt nicht darauf einging und die Städte Pompeji und Herculaneum im geographischen Teil nur kurz erwähnte (N.H. 3,62), berichtete der Historiker Tacitus (Ann. 15,22,1):

»*Durch ein Erdbeben wurde die volkreiche kampanische Stadt Pompeji zum großen Teil zerstört.*« Der jüngere Seneca aber nahm das Ereignis zum Anlaß für eine Erörterung über Erdbeben und versuchte, für die Opfer der Naturkatastrophe philosophische Trostgründe zu finden (nat. quaest. 6,1 ff.):

»*Wir haben vernommen, daß Pompeji, eine volkreiche Stadt in Kampanien, durch ein Erdbeben zerstört worden ist, wobei auch alle umliegenden Gebiete in Mitleidenschaft gezogen wurden. Die Stadt liegt an einer lieblichen*

Bacchus und der Vesuv. Wandgemälde aus Pompeji.

Bucht, von der offenen See abgewandt und an der einen Seite begrenzt durch die Küste von Surrentum und Stabiae, an der anderen durch die von Herculaneum. Dieses Erdbeben ereignete sich in den Tagen des Winters – zu einer Zeit also, die unsere Vorfahren von solchen Katastrophen frei glaubten [vgl. N.H. 2,195 nach Aristoteles, Meteor. II 8,366b 2–5] – am 5. Februar während des Konsulates des [C. Memmius] Regulus und des [L.] Verginius [Rufus] [62 n. Chr.]. Es verwüstete Kampanien, das zwar vor solchem Unglück nie ganz sicher, doch stets ohne größeren Schaden mit der bloßen Angst davongekommen war, mit gewaltigen Zerstörungen. Denn auch ein Teil der Stadt Herculaneum stürzte ein und das, was übrig blieb, ist in Gefahr einzufallen, und die Kolonie Nuceria ist zwar ohne Zerstörung, doch nicht ohne Schaden davongekommen. Auch Neapel hat an Privateigentum viel, an öffentlichen Gebäuden nichts verloren und ist von dem entsetzlichen Unglück nur leicht gestreift worden; Landhäuser in Hanglage aber haben hie und da, jedoch ohne Schaden geschwankt. Dazu berichtet man noch, daß eine Herde von 600 Schafen tot umgefallen sei, Bildsäulen sich gespalten hätten und manche Leute betäubt und wie ohnmächtig umhergeirrt seien. Die Ursachen hiervon zu ergründen, verlangt einerseits der Zusammenhang des vorliegenden Werkes, andererseits das gerade in diese Zeit gefallene Ereignis.

Für die Verängstigten muß man Trostgründe finden und die entsetzliche Furcht beseitigen. Denn wie soll man noch etwas für genügend sicher halten können, wenn die Welt selbst erschüttert wird und ihre festesten Teile schwanken? Wenn das, was das einzige Unbewegliche und Feststehende auf ihr ist, womit sie alles, was sich auf sie stützt, hält, wie Wasser bewegt wird? Wenn die Erde ihre Eigentümlichkeit, die Fähigkeit zu stehen, verloren hat? – Wo sollen dann unsere Ängste ein Ziel haben? Wie sollen unsere Körper einen Zufluchtsort finden, wohin sollen sie sich in ihrer Unruhe wenden, wenn das, was uns ängstigt, von unten herauf kommt und aus dem Grund der Erde hervortritt? Es herrscht allgemeine Bestürzung, wenn die Häuser krachen und sich der Untergang ankündigt. Da rennt jeder kopflos davon, verläßt seine Hausgötter und vertraut sich dem freien Himmel an. Welchen Schlupfwinkel erspähen wir, welche Hilfe, wenn der Erdkreis selbst seine Trümmer in Bewegung setzt? Wenn das, was uns schützt und hegt, worauf die Städte erbaut sind, was manche als Fundament der Welt bezeichnet haben, weicht und wankt? Was kann Dir, ich will nicht sagen zur Hilfe, aber zum Troste gereichen, wenn der Schrecken keinen Ausweg mehr hat? Ich frage, wo ist noch etwas, das fest und stark genug wäre, einen anderen und sich selbst zu schützen? Einen Feind werde ich durch eine Mauer zurückweisen, und hohe und steile Burgen werden durch den erschwerten Zugang sogar mächtige Heere aufhalten; vor einem Sturm rettet uns ein Hafen; gegen die losbrechende Gewalt der Wolken und die endlos stürzenden Wassermassen schützen Dächer; die Feuersbrunst folgt den Fliehenden nicht nach; gegen Donner und das Dräuen des Himmels gewähren mir unterirdische Häuser und in die Tiefe grabene Höhlen Schutz. Jenes Feuer vom Himmel schlägt nicht durch den Erdboden durch, sondern wird durch den geringsten Widerstand gebrochen. Bei einer Seuche ist es möglich auszuwandern; kein Unheil ist ohne Fluchtmöglichkeit. Noch nie haben Blitzschläge ganze Völker vernichtet; die verpestete Luft hat Städte entvölkert, aber nicht vollkommen zerstört.

Aber dieses Übel ist sehr weit ausgedehnt, unvermeidbar, umsichgreifend und allgemein verderblich. Denn es entleert nicht nur Häuser oder Familien oder einzelne Städte, sondern begräbt ganze Völker und Gegenden, indem es sie bald verschüttet, bald in einem tiefen Schlund versenkt; und es läßt nicht einmal soviel übrig, daß man erkennen kann, daß das Gewesene einmal bestanden hat:

über die ansehnlichsten Städte breitet sich, ohne eine Spur ihrer früheren Herrlichkeit zu bewahren, der Boden. Und es gibt Leute, die diese Todesart besonders fürchten, durch die sie samt ihren Wohnungen ins Bodenlose fallen und aus der Zahl der Lebenden lebendig weggerafft werden, als ob es nicht bei jedem Tod zum selben Ziel ginge. Unter anderem ist dies ein besonderes Beispiel der Gerechtigkeit der Natur, daß es, wenn es zu Ende geht, alle das gleiche Los haben. Darum macht es keinen Unterschied, ob mich ein einzelner Stein zerschellt oder ob ich von einem ganzen Berg erdrückt werde; ob die Last eines einzigen Hauses über mich kommt und ich unter dem wenigen Schutt und Staub davon ersticke oder ob der ganze Erdkreis mein Haupt zudeckt; ob ich diesen Atem bei Licht und im Freien verhauche oder in der wüsten Kluft sich spaltender Erdmassen; ob ich allein in jene Tiefe gerissen werde oder unter dem großen Geleit mitfallender Volksscharen. Mir liegt nichts daran, wie groß der Lärm bei meinem Tod ist – er ist doch überall gleich.

So laßt uns denn Mut fassen gegen jene Zerstörung, die man weder vermeiden noch durch Vorsicht beseitigen kann. Hören wir nicht weiter auf die, welche Kampanien Lebewohl sagten und die nach dieser Katastrophe auswanderten und erklären, sie werden diese Gegend nie wieder betreten. Wer garantiert ihnen denn, daß dieser oder jener Boden auf besseren Fundamenten stehe? Alles hat dasselbe Schicksal und wenn es noch nicht erschüttert wurde, ist es zu erschüttern. Diese Stelle vielleicht, auf der Du jetzt ziemlich sicher stehst, wird diese Nacht oder vor der Nacht noch dieser Tag spalten. Woher weißt Du, ob nicht die Lage der Gegenden besser ist, in denen das Geschick schon seine Macht ausgelassen hat, als die derer,

Der jüngere Plinius zeichnet seine Beobachtungen beim Ausbruch des Vesuv auf. Kupferstich von Thomas Burke nach Angelika Kauffmann, 1794.

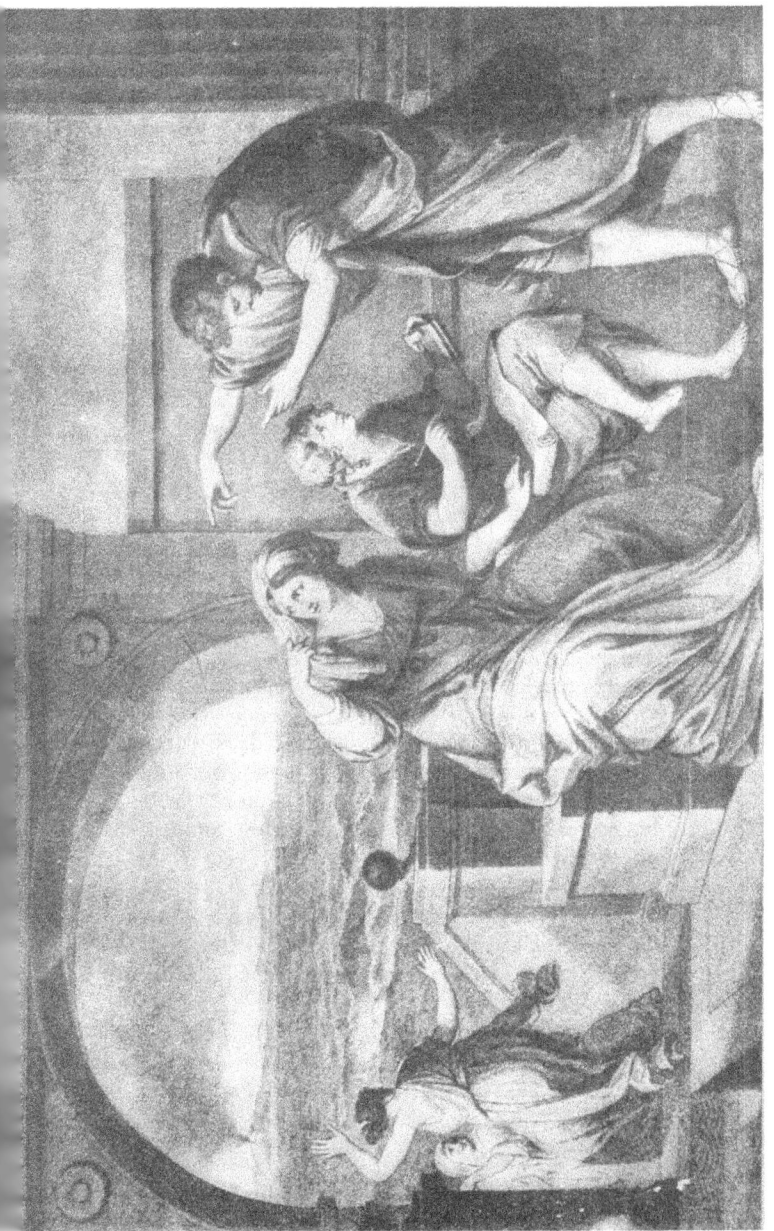

die zu ihrer Vernichtung in Zukunft noch zusammenhalten? Wir irren nämlich, wenn wir irgendeinen Teil der Erde von dieser Gefahr ausgenommen und frei glauben. Alle sind dem gleichen Gesetz unterworfen; nichts hat die Natur so geschaffen, daß es unveränderlich wäre; die einen fallen zu dieser, die anderen zu jener Zeit und wie in großen Städten bald dieses, bald jenes Haus sich senkt, so nimmt auf diesem Erdkreis bald dieser, bald jener Teil Schaden...«

Der Wiederaufbau der zerstörten Städte Pompeji und Herculaneum setzte sofort ein, ging aber nur langsam vor sich, denn die Privatinitiative blieb ganz auf sich gestellt. Kaiser Nero (54–68) war nämlich nach dem Brand Roms vom Jahre 64 vollkommen damit beschäftigt, aus der Hauptstadt eine »neue Stadt« zu machen und konnte sich um die kampanischen Städte nicht kümmern. Auch die Wirren des Dreikaiserjahres (68/69) zögerten die kaiserliche Hilfe hinaus. Erst Kaiser Vespasian (69–79) gewährte sofort nach der Sicherung der Herrschaft großzügige Hilfe (CIL X 846.1406) und sorgte für Ordnung und Recht. Der Tribun T. Suedius Clemens wurde mit einem ausdrücklichen kaiserlichen Auftrag nach Pompeji entsandt, um die öffentlichen Güter, die sich Privatpersonen widerrechtlich angeeignet hatten, wieder zurückzufordern (CIL X 1018).

Die Erneuerung der Gebäude und die Ausbesserung aller Schäden war dennoch noch gar nicht abgeschlossen, als im August 79 n. Chr. ein vernichtender Ausbruch des als erloschen geltenden Vesuv die Bevölkerung erneut in Schrecken und Angst versetzte.

Wir besitzen einen Augenzeugenbericht dieses Ausbruchs, denn der Jüngere Plinius hielt sich nur rd. 40 km vom Zentrum der Katastrophe entfernt in Misenum auf.

Der Ausbruch des Vesuv am 15. Juni 1794. Kupferstich zu M. A. D'Onofrio, Ausführlicher Bericht über den Ausbruch des Vesuv, Dresden 1795.

Neben dem bekannten Brief über das Ende seines Oheims (s. S. 57 ff.) schilderte er in einem zweiten Schreiben an den Historiker Tacitus (epist. 6,20) seine eigenen persönlichen Erlebnisse und Eindrücke während der Tage des Ausbruchs:

»*Als mein Oheim fort war, verwendete ich den Rest des Tages auf meine Studien, weswegen ich ja daheim geblieben war; dann Bad, Abendessen, kurzer, unruhiger Schlaf. Vorangegangen waren mehrere Tage nicht eben beunruhigende Erdstöße – Kampanien ist ja daran gewöhnt –; in jener Nacht wurden sie aber so stark, daß man glauben mußte, alles bewege sich nicht nur, sondern stehe auf dem Kopfe. Meine Mutter stürzte in mein Schlafzimmer; ich wollte gerade aufstehen, um sie zu wecken, falls sie schliefe. Wir setzten uns auf den Vorplatz des Hauses, der in mäßiger Ausdehnung das Meer von den Baulichkeiten trennte.*

Ich weiß nicht, soll ich es Gleichmut oder Unüberlegtheit nennen – ich war ja erst 18 Jahre alt –: ich lasse mir ein Buch des Titus Livius bringen, lese, als hätte ich nichts Besseres zu tun, exzerpiere auch, wie ich begonnen hatte. Da kommt ein Freund meines Oheims, der kürzlich bei ihm aus Spanien eingetroffen war, und als er mich und meine Mutter dasitzen sieht, mich sogar lesend, schilt er ihre Gleichgültigkeit, meine Unbekümmertheit; trotzdem blieb ich bei meinem Buche.

Es war bereits um die erste Stunde, und der Tag kam zögernd, sozusagen schläfrig herauf. Die umliegenden Gebäude waren schon stark in Mitleidenschaft gezogen, und obwohl wir uns auf freiem, allerdings beengtem Raum befanden, empfanden wir starke und begründete Furcht, daß sie einstürzen könnten.

Jetzt erst schien es uns ratsam, die Stadt zu verlassen. Eine verstörte Menschenmenge schließt sich uns an, läßt sich – was bei einer Panik beinahe wie Klugheit aussieht – lieber von fremder statt von der eigenen Einsicht leiten und stößt und drängt uns in endlosem Zuge mit sich fort.

Als wir die Häuser hinter uns hatten, blieben wir stehen. Da sahen wir allerlei Sonderbares, Beklemmendes geschehen. Die Wagen, die wir hatten herausbringen lassen, rollten hin und her, obwohl sie auf ganz ebenem Terrain standen, und blieben nicht einmal auf demselben Fleck, wenn wir Steine unterlegten. Außerdem sahen wir, wie das Meer sich in sich selbst zurückzog und durch die Erdstöße gleichsam zurückgedrängt wurde. Jedenfalls war der Strand vorgerückt und hielt zahllose Seetiere auf dem trockenen Sande fest. Auf der anderen Seite eine schaurige, schwarze Wolke, kreuz und quer von feurigen Schlangenlinien durchzuckt, die sich in langen Flammengarben spalteten, Blitzen ähnlich, nur größer.

Da drängte wieder der Freund aus Spanien heftiger und dringender: ›Wenn dein Bruder, dein Oheim noch lebt, möchte er auch euch lebend wiedersehen; ist er tot, war es gewiß sein Wunsch, daß ihr am Leben bliebet! Was säumt ihr also, euch zu retten?‹ Wir erwiderten, wir könnten es nicht über uns gewinnen, an uns zu denken, solange wir über sein Schicksal im ungewissen seien. Er ließ sich nicht länger halten, stürzte davon und entzog sich im gestreckten Lauf der Gefahr.

Nicht lange danach senkte sich jene Wolke auf die Erde, bedeckte das Meer, hatte bereits Capri eingehüllt und unsichtbar gemacht, hatte das Kap Misenum unseren Blicken entzogen. Da bat und drängte meine Mutter, befahl mir schließlich, mich irgendwie in Sicherheit zu bringen; ich als junger Mann könne es noch, sie, alt und gebrechlich, werde ruhig sterben, wenn sie nur nicht meinen Tod verschuldet habe. Ich dagegen: ich wollte mit ihr zusammen am Leben bleiben; damit faßte ich sie bei der Hand und nötigte sie, ihre Schritte zu beschleunigen. Widerstrebend fügte sie sich und machte sich Vorwürfe, daß sie mich aufhalte.

Schon regnete es Asche, doch zunächst nur dünn. Ich schaute zurück: im Rücken drohte dicker Qualm, der uns, sich über den Erdboden ausbreitend, wie ein Gießbach folgte. ›Laß uns vom Wege abgehen‹ rief ich, ›solange wir noch sehen können, sonst kommen wir auf der Straße unter die Füße und werden im Dunkeln von der mitziehenden Masse zertreten.‹ Kaum hatten wir uns gesetzt, da wurde es Nacht, aber nicht bei mondlosem, wolkenverhangenem Himmel, sondern wie in einem geschlossenen Raum, wenn man das Licht gelöscht hat. Man hörte Weiber heulen, Kinder jammern, Männer schreien: die einen riefen nach ihren Eltern, die anderen nach ihren Kindern, wieder andere nach ihren Männern oder Frauen und suchten sie an der Stimme zu erkennen; die einen beklagten ihr Unglück, andre das der Ihren, manche flehten aus Angst vor dem Tode um Tod, viele beteten zu den Göttern, andere wieder erklärten, es gebe nirgends noch Götter, die letzte, ewige Nacht sei über die Welt hereingebrochen. Auch fehlte es nicht an Leuten, die mit erfundenen, erlogenen Schreckensnachrichten die wirkliche Gefahr übersteigerten. Einige behaupteten, in Misenum sei dies und das eingestürzt, andres stehe in Flammen – blinder Lärm, aber sie fanden Glauben.

Dann hellte es sich ein wenig auf, doch war es anscheinend nicht das Tageslicht, sondern ein Vorbote des nahenden Feuers. Aber das Feuer blieb in ziemlicher Entfernung stehen; es wurde wieder dunkel, wieder fiel Asche, dicht und schwer, die wir, fortgesetzt aufstehend, abschüttelten; wir wären sonst verschüttet und durch ihre Last erdrückt worden. Ich könnte damit prahlen, daß sich mir trotz der furchtbaren Gefahr kein Seufzer, kein verzagtes Wort entrungen hat, hätte ich nicht – ein schwacher, aber für uns Menschen immerhin ein im Tode wirksamer Trost – fest geglaubt, ich ginge mit allem und alles mit mir zugrunde.

Der Ausbruch des Vesuv am 28. April 1872. Holzschnitt nach einer Aufnahme von G. Sommer.

Endlich wurde der Qualm dünner und verflüchtigte sich sozusagen zu Dampf oder Nebel. Bald wurde es richtig Tag, sogar die Sonne kam heraus, doch nur fahl wie bei einer Sonnenfinsternis. Den noch verängstigten Augen erschien alles verwandelt und mit einer hohen Aschenschicht wie mit Schnee überzogen.

Wir kehrten nach Misenum zurück, machten uns notdürftig wieder zurecht und verbrachten eine unruhige Nacht, schwankend zwischen Furcht und Hoffnung. Die Furcht überwog, denn die Erdstöße hielten an, und viele Leute, wie wahnsinnig von schreckenerregenden Prophezeiungen, witzelten über ihr und der anderen Unglück. Wir aber konnten uns, obwohl wir die Gefahr aus eigener Erfahrung kannten und weiter auf sie gefaßt waren, nicht entschließen wegzugehen, ehe wir nicht Nachricht von meinem Oheim hatten.«

Da die entsprechenden Abschnitte in den »Historien« des Tacitus nicht erhalten sind, wird der Ausbruch des Vesuv in der Geschichtsschreibung der römischen Kaiserzeit nur kurz erwähnt. Was Sueton (Titus 8,3) darüber mitzuteilen weiß, ist ebenso bedeutungslos wie alle gelegentlichen Erwähnungen der Katastrophe bei späteren Historikern.

In den wesentlichen Punkten stimmt mit Plinius der Bericht des Geschichtsschreibers Cassius Dio (66,21 ff.) überein, ohne daß wir dessen Quelle namhaft machen könnten. Es scheint aber, daß Dio, der den Ausbruch des Vesuv vom Jahre 202 von Capua aus als Augenzeuge (76,21) mitmachte, persönliches Erleben und eigene Anschauung in seine Darstellung hat einfließen lassen:

»In Kampanien ereignete sich eine furchtbare und merkwürdige Naturerscheinung. Gegen den Herbst hin brach plötzlich ein mächtiges Feuer aus. Der Berg Vesuv, der unweit vom Meere gegen Neapel zu liegt, enthält unversiegbare Feuerquellen. Früher war der Berg auf allen Sei-

ten gleich hoch und mitten aus ihm strömte ein Flamme empor. Nur dort ist das Feuer in Tätigkeit und die Außenseiten sind bis jetzt davon unberührt geblieben. Da jene unverbrannt blieben, während der Mittelteil schrumpfte und zu Asche wurde, haben die Bergspitzen ringsum ihre ursprüngliche Höhe beibehalten, der ganze vom Feuer erfaßte Teil aber ist durch die Länge der Zeit aufgezehrt zu einer Höhlung zusammengesunken, so daß er, wenn man Kleines mit Großem vergleichen darf, einem Amphitheater nicht unähnlich erscheint. An dessen Rand bemerkt man eine Menge von Bäumen und Weinstöcken, während der innere Kessel der Herd des Feuers ist und bei Tag Rauch, bei Nacht aber Flammen ausstößt... Diese Ausbrüche dauern ununterbrochen an, bald stärker, bald schwächer. Oft wirft der Kessel, wenn ein großes Stück zusammensinkt, Asche, selbst Steine aus, wenn sich der Wind darin verfängt. Es dröhnt und brüllt in ihm, da er keine dichten, sondern nur leichte und verborgene Luftströmungen aufweist.

Eine solche Bewandtnis hat es mit dem Vesuv, und solche Ausbrüche wiederholen sich fast jedes Jahr. Die anderen Erscheinungen aber, die sich um jene Zeit ereigneten, waren, so großartig sie auch im Vergleich zum Alltäglichen dem Beschauer vorkommen mochten, selbst zusammengenommen nichts im Vergleich zu dem, was sich jetzt ereignete... [Es werden verschiedene Vorboten der Katastrophe geschildert]. ... Hierauf folgte eine drückende Schwüle und wiederholtes heftiges Erdbeben, so daß die ganze Ebene in wallende Bewegung geriet und die Bergspitzen schwankten. Damit war ein schreckliches donnerähnliches Gedröhn unter und ein Lärmen über der Erde verbunden. Das Meer brauste auf, der Himmel ertönte, und auf einmal begann es so fürchterlich zu krachen, als ob die Berge zusammenstürzten. Erst flogen ungeheure Steinmassen empor, so daß sie selbst über die Spitzen des Berges hinausflogen, dann folgte eine Masse Feuer und

Wolken von Rauch, die den Himmel beschatteten und die Sonne wie bei einer Sonnenfinsternis unsichtbar machten. Aus Tag wurde Nacht und aus Licht Finsternis. Die einen glaubten, die Giganten erstünden wieder: denn es schienen nicht nur an vielen Punkten ihre luftigen Gestalten durch den Rauch, sondern es ließ sich auch Trompetenschall vernehmen. Andere meinten, die ganze Welt stürze in ihr altes Chaos oder in Feuer zusammen. Daher flohen die einen aus den Häusern auf die Straße, die anderen eilten von außen in die Gebäude hinein; die einen flüchteten bestürzt vom Meer ans Land, die anderen vom Lande aufs Meer, da sie alle sich anderswo sicherer wähnten, als dort, wo sie waren. Inzwischen wurde eine unermeßliche Menge Asche vom Winde in die Höhe getrieben, die Land, Meer und Luft bedeckte. Menschen, Felder und Herden kamen zu Schaden wie es der Zufall wollte; Fische im Meer und Vögel in der Luft gingen zugrunde; sogar zwei ganze Städte, Herculaneum und Pompeji wurden verschüttet, während gerade das Volk im Amphitheater saß. Der Aschenregen war so gewaltig, daß Asche davon sogar bis nach Afrika, Syrien und Ägypten gelangte und in Rom derart die Luft erfüllte, daß sich die Sonne verdunkelte ...«

Während der Jüngere Plinius in beiden Briefen weder Pompeji noch Herculaneum erwähnte, gab Cassius Dio ausdrücklich an, daß beide Städte vom Aschenregen verschüttet wurden. Dabei findet jedoch die Angabe, daß sich das Volk beim Beginn der Katastrophe gerade im Amphitheater befand, wenig Wahrscheinlichkeit. Ganz ins Gebiet der Fabel gehört der Bericht vom Erscheinen der Giganten, obwohl im Altertum die Meinung weit verbreitet war, daß ein Erdbeben durch die Bewegungen und Befreiungsversuche der unter Bergen gefesselt gehaltenen Giganten bewirkt würden. So berichtet auch der mit Cassius Dio etwa zeitgleiche Philostrat (Heroic. 2,140,10 ff.), daß nach Meinung der Bewohner von Neapel zahlreiche Giganten unter dem Vesuv begraben seien.

Auch in den Werken der zeitgenössischen Dichter ist der tiefe Eindruck zu erkennen, den die Katastrophe des Jahres 79 machte. An mehreren Stellen (3,5,72 f.; 4,4,78 ff.; 5,3,164 f. 205 f.) seiner im Jahre 95 erschienenen »*Silvae*« gedachte Statius schmerzlich des Ereignisses, das sein im Jahre 80 verstorbener Vater, ein gebürtiger Neapolitaner, in einem Klagegedicht hatte behandeln wollen. Auch der 101 verstorbene Silius Italicus, der seine letzten Lebensjahre auf einem Landgut bei Neapel verbrachte, ging in den »*Punica*« (12,152–154) kurz auf das Ereignis ein. Nur in zwei Gleichnissen gedachte Valerius Flaccus in den »*Argonautica*« der Katastrophe; dabei fällt auf, daß beide Male gerade das Donnergetöse der Eruption erwähnt wird.

Während eines Aufenthaltes im Golf von Neapel während des Sommers 88 schrieb Martial unter dem Eindruck der furchtbaren Verwüstungen an den Hängen des Vesuv folgendes Epigramm (4,44):

»*Hier der Vesuv war eben noch grün vom Schatten der Reben,*
und ein edles Gewächs hatte die Kufen gefüllt.
Hier sind die Höhen, die Bacchus vor Nysas Hügeln geliebt hat,
hier ist der Berg, drauf jüngst Satyrn noch Reigen getanzt.
Hier war der Venus Sitz, ihr lieber als Sparta,
hier die Stätte, berühmt, weil sie nach Herkules hieß.
All das liegt nun in Flammen und trauriger Asche versunken.
Ach, daß sie dies vermocht, dauert die Götter nun selbst.«

Da Naturerscheinungen gern zum Inhalt von Prophezeiungen gemacht wurden, tauchten auch bald nach dem Ausbruch Weissagungen der Sibylle auf, die die Katastrophe angeblich im voraus verkündet hatten. Durch Plutarch (de Pyth. orac. 486 und de sera num. vind. 684) sind uns zwei solcher »*illegitimer*« Sibyllensprüche erhalten geblieben, ein dritter (Orac. Sib. 4,130–136) gilt heute allgemein als die älteste zeitgenössische Dokumentation des Ereignisses. Sein anonymer Verfasser, ein Jude, sah in der Vesuvkatastrophe ein gegen Kaiser Titus (79 bis 81), der erst im Juni 79 den Thron bestiegen hatte und als Zerstörer von Jerusalem den Juden besonders verhaßt war, gerichtetes Strafgericht Gottes.

Daß die Erinnerung an die untergegangenen Städte noch über Jahrhunderte bestanden haben muß, beweist die Nennung auf der Tabula Peutingeriana, die übrigens den Vesuv nicht verzeichnet. In der späteren Literatur allerdings nahmen lediglich der Kirchenschriftsteller Tertullian (de pallio 1034A), der den Untergang der kampanischen Städte mit der Vernichtung von Sodom und Gomorrha verglich, und der Philosophenkaiser Mark Aurel, der ihren Untergang in den »*Selbstbetrachtungen*« (4,48) als Beispiel irdischer Vergänglichkeit anführte, von ihnen Notiz.

BIBLIOGRAPHISCHES

Die älteren Literaturberichte von *L. von Jan,* Philologus 3, 1848, 302f., 12,1857, 167–181 und 21,1864, 101 bis 118; *D. Detlefsen,* Jahrbuch f. class. Philologie 77, 1858,653–672 und Philologus 28,1869,284–337; *L. Urlichs,* Jahrbuch f. class. Philologie 77,1858, 481–493 und Bursians Jahresberichte 6,1876,109–127, 10,1877,35 bis 49, 14,1878, 267–286; *F. Krohn,* Bursians Jahresberichte 231,1931, 123–144 (Berichtszeit 1920–1927) und *R. Hanslik,* Bursians Jahresberichte 273, 1941, 1–44 (Berichtszeit 1928–1938) sind überholt durch *H. Le Bonniec,* Bibliographie de L'Histoire Naturelle de Pline l'Ancien. Revue des Études Latines 23,1945, 204–252 (erschienen auch als Sonderdruck bei »*Les Belles Lettres*«, Paris 1946, 58 Seiten), der die gesamte Literatur von 1800 bis 1944 verzeichnet. Die ältere Literatur von 1700 bis 1878 ist zusammengestellt in der Bibliotheca scriptorum classicorum, vol. II: Scriptores Latini, hrsg. von *W. Engelmann,* 8. Aufl. neu bearbeitet von *E. Preuss,* Leipzig 1880 (Neudruck Hildesheim 1959) 514–523.
Die neuere Literatur verzeichnet in jährlichen Zusammenstellungen L'année philologique, hrsg. von *J. Marouzeau.* Auf ihr beruhen die Forschungsberichte von *R. Hanslik,* Anzeiger f. d. Altertumswissenschaft 8, 1955, 193–218 (Berichtszeit 1939–1954) und 17, 1964, 65 bis 80 (Berichtszeit 1955–1963); *K. Sallmann,* Lustrum 18, 1975, 5–299 (Berichtszeit 1938–1970) und *F. Römer,* Anzeiger f. d. Altertumswissenschaft 31, 1978, 129–206 (Berichtszeit 1964–1977).
Grundlage für alle Plinius-Studien bildet jetzt der Artikel in der Realencyclopädie der classischen Altertumswissenschaft 21,1951, 271–439 von *K. Ziegler - W. Kroll - H. Gundel - W. Aly - R. Hanslik.* Einen ersten Überblick vermitteln *M. Schanz - C. Hosius,* Geschichte der

römischen Literatur, 4. Aufl. Bd. 2, München 1935 (Nachdruck 1959) 768–783 (mit der wichtigsten vor 1935 erschienenen Literatur) und *K. Sallmann*, Art. Plinius d. Ältere in Der Kleine Pauly, Bd. 4, Stuttgart 1972 (Nachdruck 1979) 928–937, sowie zuletzt *E. H. Warmington* in Die Großen der Weltgeschichte, Bd. 2, Zürich 1972, 310–331 (mit Auswahlbibliographie).

Textausgaben und Übersetzungen

Als Textausgabe liegt vor: C. Plini Secundi Naturalis historiae libri XXXVII post *L. Iani* obitum recognovit et scripturae discrepantia adiecta edidit *C. Mayhoff*. 6 Bände (davon ein Indexband), Leipzig 1892–1909 (Nachdruck Stuttgart 1967–1970). Immer noch brauchbar ist *D. Detlefsen*, Historiae Naturalis libri XXXVII. 6 Bände (davon ein Indexband), Berlin 1866–1882.

Eine zweisprachige (lateinisch-englische) Ausgabe ist abgeschlossen:

Pliny Natural History with an English translation in ten volumes. London, Cambridge, Mass. 1938ff. (The *Loeb* Classical Library): vol. 1 praefatio, libri I,II, by *H. Rackham*, 1938. – vol. 2: libri III–VII, by *H. Rackham*, 1942. – vol. 3: libri VIII–XI, by *H. Rackham*, 1940. – vol. 4: libri XII–XVI, by *H. Rackham*, 1945. – vol. 5: libri XVII–XIX, by *H. Rackham*, 1950. – vol. 6: libri XX–XXIII, by *W. H. S. Jones*, 1951. – vol. 7: libri XXIV–XXVII, by *W. H. S. Jones*, 1956. – vol. 8: libri XXVIII–XXXII, by *W. H. S. Jones*, 1963. – vol. 9: libri XXXIII–XXXV, by *H. Rackham*, 1952. – vol. 10: libri XXXVI–XXXVII, by *D. E. Eichholz*, 1962.

Von einer zweisprachigen (lateinisch-französischen) Ausgabe liegen bisher 30 Bände vor:

Pline l'Ancien, Histoire naturelle, texte établi, traduit et commenté. Paris 1947ff. (Collection des Universités de

France publiée sous le patronage de l'Association *Guillaume Budé*): Livre 1, par *J. Beaujeu*, introduction de *A. Ernout*, 1950. – 2, par *J. Beaujeu*, 1950. – 7, par *R. Schilling*, 1977. – 8, par *A. Ernout*, 1952. – 9, par *E. de Saint-Denis*, 1955. – 10, par *E. de Saint-Denis*, 1961. – 11, par *A. Ernout et R. Pépin*, 1947. – 12, par *A. Ernout*, 1949. – 13, par *A. Ernout*, 1956. – 14, par *J. André*, 1958. – 15, par *J. André*, 1960. – 16, par *J. André*, 1962. – 17, par *J. André*, 1964. – 18, par *H. Le Bonniec et A. Le Boeuffle*, 1972. – 19, par *J. André*, 1964. – 20, par *J. André*, 1965. – 21, par *J. André*, 1969. – 22, par *J. André*, 1970. – 23, par *J. André*, 1971. – 24, par *J. André*, 1972. – 25, par *J. André*, 1974. – 26, par *A. Ernout et R. Pépin*, 1957. – 27, par *A. Ernout*, 1959. – 28, par *A. Ernout*, 1962. – 29, par *A. Ernout*, 1962. – 30, par *A. Ernout*, 1963. – 31, par *G. Serbat*, 1972. – 32, par *E. de Saint-Denis*, 1966. – 34, par *H. LeBonniec et H. Gallet de Santerre*, 1953. – 37, par *E. de Saint-Denis*, 1972.

Nach 1800 erschienen folgende deutsche Übersetzungen: Caius Plinius Secundus Naturgeschichte. Übersetzt mit Anmerkungen von *M. Frisch*. 8 Bändchen, Prenzlau 1829/30.

Caius Plinius Secundus Naturgeschichte. Übersetzt und erläutert von *H. Külb*. 39 Bändchen (mit einem Register), Stuttgart 1840–77.

Caius Plinius Secundus Naturgeschichte. Übersetzt von *Chr. F. L. Strack*, überarbeitet und herausgegeben von *M. E. D. L. Strack*. 3 Bände (ein angekündigter Registerband ist nicht erschienen), Bremen 1853–55 (Nachdruck Darmstadt 1968).

Des Caius Plinius Secundus Naturgeschichte. Ins Deutsche übersetzt und mit Anmerkungen versehen von *C. G. Wittstein*. 6 Bände, Leipzig 1880–82.

Weiterführende Literatur (in Auswahl)

Allgemein

F. *Dannemann*, Plinius und seine Naturgeschichte in ihrer Bedeutung für die Gegenwart. Jena 1921.

Zu den Quellen

H. *Brunn*, De auctorum indicibus Plinianis disputatio isagogica. Bonn 1856.

F. *Münzer*, Beiträge zur Quellenkritik der Naturgeschichte des Plinius. Berlin 1897.

Zum Stil

J. *Müller*, Der Stil des älteren Plinius. Innsbruck 1883.

A. *Önnerfors*, Pliniana. In Plinii maioris naturalem historiam studia grammatica semantica critica. Uppsala 1956.

Zur Kosmologie

W. *Kroll* - J. *Vogt*, Die Kosmologie des Plinius. Breslau 1930.

D. J. *Campbell*, Naturalis Historiae liber II, a commentary. Aberdeen 1936.

Zur Geographie

A. *Klotz*, Quaestiones Plinianae Geographicae. Leipzig 1906.

D. *Detlefsen*, Die Anordnung der geographischen Bücher des Plinius und ihre Quellen. Berlin 1909 (Nachdruck Rom 1972).

K. G. *Sallmann*, Die Geographie des älteren Plinius in ihrem Verhältnis zu Varro. Berlin–New York 1971.

Zur Zoologie

A. *Steier*, Der Tierbestand in der Naturgeschichte des Plinius. Würzburg 1913.

J. *Cotte*, Poissons et animaux aquatiques au temps de Pline. Gap 1944.

E. *de Saint-Denis*, Le vocabulaire des animaux marins ent latin classique. Paris 1947.

H. Leitner, Zoologische Terminologie beim Älteren Plinius. Hildesheim 1972.

Zur Botanik

J. André, Lexique des termes de botanique en Latin. Paris 1956

Zur Medizin

A. Spallici, I medici e la medicina in Plinio il naturalista. Milano 1936.

Zur Mineralogie

K. C. Bailey, The Elder Pliny's Chapters on Chemical Subjects. Vol. 1 and 2, London 1929–32.

S. H. Ball, A Roman book on precious stones. Los Angeles 1950.

Zur Kunst

The Elder Pliny's Chapters on the History of Art translated by *K. Jex-Blake* with commentary and historical introduction by *E. Sellers*. London–New York 1896 (2nd American Edition by *R. V. Schoder*. Chicago 1976).

Abbildungsnachweis

Agenzia Fossati, Como: S. 24, 39
Bayerische Staatsbibliothek, München: S. 3, 5, 8, 16, 18, 20, 56, 71, 77, 80, 98, 103, 104
Bildarchiv der Österreichischen Nationalbibliothek, Wien: 28, 61
Bildarchiv Preußischer Kulturbesitz, Berlin: S. 59, 65, 93
Archiv für Kunst und Geschichte, Berlin: S. 63, 87, 89
Foto Boudot-Jamotte: S. 83 (mit freundlicher Genehmigung des Verlages Philipp Reclam jun., Stuttgart)
Den Münchner Verlagen Hirmer (S. 55, 69), Prestel (S. 6, 66) und Schroll (S. 29) sei für die zur Verfügung gestellten Abbildungen herzlichst gedankt.

Die Initialen und Vignetten stammen aus der Ausgabe von Sessa, Venedig 1513.

www.ingramcontent.com/pod-product-compliance
Lightning Source LLC
Chambersburg PA
CBHW061351300426
44116CB00011B/2080